京都季節を楽しむ暮らすごと365日

京都
時令生活365日

| 跟著古都節氣，品味春夏秋冬 |

smile editors ——編著　　林佑純——譯

前言

從賞梅、賞櫻，葵祭、祇園祭、五山送火祭到時代祭，接著是賞楓及弘法大師法會、初詣、節分……在京都的日常中每年連綿持續。

重視傳統節日的同時，一邊感受四季變化。慎重度過每一天的京都生活，處處藏著許多為了與自然共存，日復一日讓內心更加豐饒、充滿樂趣的線索。

本書邀請十八位與京都有淵源、深深喜愛京都的作者，請他們分享各自著眼的小小發現和日常樂趣，依循二十四節氣，一天一頁的方式來呈現，讓讀者感受京都的春夏秋冬，以及季節移轉的變化。

希望讀者都能從這三百六十五篇小散文中，

得到屬於自己的樂趣。

何謂二十四節氣？

二十四節氣，是地球在公轉軌道上，由太陽運行的位置所劃分出的二十四個等分點。

這是中國古代為取得農作物的良好收成而創設的曆法。

一年被區分為春夏秋冬四個季節，每個季節（三個月）再被分成六個部分，大約每兩周就呈現出氣候的變化。

夏至

小暑　　夏　　芒種

大暑　　　　小滿

立秋　　　　立夏

處暑　　　　穀雨

白露　　　　清明

秋分　秋　太陽　春　春分

寒露　　　　驚蟄

霜降　　地球公轉方向　雨水

立冬　　　　立春

小雪　　　　大寒

大雪　　冬　　小寒

冬至

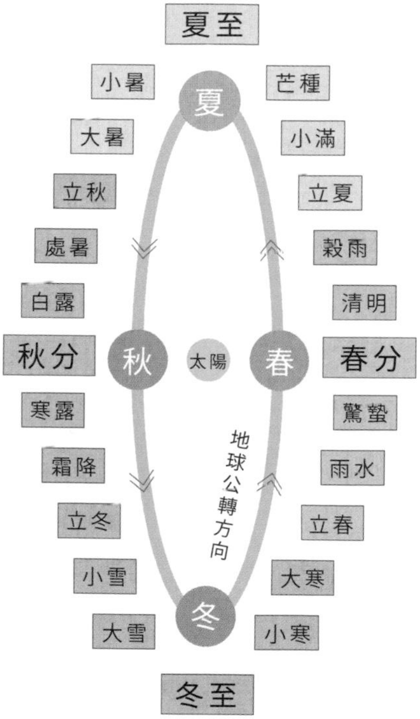

春

立春

二月四日～二月十八日左右

舊曆中，立春被視爲一年之始，亦即春天的起點。立春後，首度吹拂的強烈南風，在日本稱作「春一番」。

雨水

二月十九日～三月四日左右

「雨水」意指「雪化成雨，積雪開始融化」。

驚蟄

三月五日～三月二十日左右

「驚」意爲「驚醒」，「蟄」指的是「冬眠的蟲」。當冬眠的蟲子開始出現在地面上的時候。

春分

三月二十一日～四月四日左右

太陽從正東方升起，並在正西方落下，也就是白天與黑夜長度相等的時候。

清明

四月五日～四月十九日左右

「清明」是「清淨明潔」的略稱，意謂所有事物都清新且充滿活力。

穀雨

四月二十日～五月四日左右

「穀雨」的意思是「滋潤穀物，使其萌芽的雨水」，也是爲作物播種的絕佳時期。

夏

立夏

五月五日～五月二十日左右

「立夏」象徵夏季之始，夏天的氣息逐漸趨近，也是草木萌芽的季節。

小滿

五月二十一日～六月五日左右

「小滿」是秋天播種的麥穗初長的時期，也帶有「草木繁茂，天地間充盈能量」之意。

芒種

六月六日～六月二十日左右

「芒」是指稻穗上的尖刺狀細芒，是穀類作物播種的絕佳時期。

夏至

六月二十一日～七月六日左右

在北半球，這是一年中白天最長、夜晚最短的時期。在日本則是梅雨的季節。

小暑

七月七日～七月二十二日左右

天氣逐漸炎熱的時期。梅雨季將近結束，炎炎夏日即將來臨。

大暑

七月二十三日～八月六日左右

宣告「炎熱的夏天正式開始」，暑氣漸增的時期。

冬

立冬

十一月七日～十一月二十一日左右

代表著冬季的開端。「立」在此有「展開新的季節」的涵義。

小雪

十一月二十二日～十二月六日左右

開始降雪的季節，但尚未到達積雪的程度，意即「雪勢較小」。

大雪

十二月七日～十二月二十一日左右

意指「大量降雪的時期」，無論是山區或平地，雪都會積聚而起，也宣告冬季正式開始。

冬至

十二月二十二日～一月五日左右

此時太陽會處於最低的位置，也是全年中白天最短、夜晚最長的時期。

小寒

一月六日～一月十九日左右

正式進入嚴寒時期，小寒到大寒的這段時間被稱作「寒中」。

大寒

一月二十日～二月三日左右

一年當中最寒冷的時期。在舊曆中，大寒後的立春是一年的開始。

秋

立秋

八月七日～八月二十二日左右

「立秋」是秋意漸現的時期，暑氣尚未散盡，但在盂蘭盆節之後，就能感受到些許秋天的氣息。

處暑

八月二十三日～九月七日左右

「處」意指和緩，意指過了炎熱的高峰期，氣溫開始明顯下降。

白露

九月八日～九月二十二日左右

「白露」指的是清晨在花草上的朝露，也正是秋意漸濃的時期。

秋分

九月二十三日～十月七日左右

太陽從正東方升起，於正西方落下，白天與夜晚的長度相等。在秋分之後，日照時間會開始逐漸縮短。

寒露

十月八日～十月二十二日左右

意指「沾在花草上的寒冷露水」，這個時期是農作物收成的高峰期。

霜降

十月二十三日～十一月六日左右

秋天的最後一個節氣，北部和山區地區開始降霜，宣告冬季的腳步將近。

京都府的範圍

位於本州中央位置，與福井縣、滋賀縣、三重縣、奈良縣、兵庫縣、大阪府等府縣相鄰，北部面向日本海。下面介紹京都市以外，在書中登場的幾個主要地區。

1_ 間人…以螃蟹聞名的漁港。
2_ 久美濱…位於兵庫縣與京都府的縣界。在久美濱灣的入海口，牡蠣養殖極為興盛。
3_ 伊根船屋…獨特的傳統建築，在船隻的儲藏庫上建造住宅。
4_ 宮津…面向日本海的若狹灣。
5_ 鷹峯…位於京都市北區，周邊有金閣寺與大德寺。

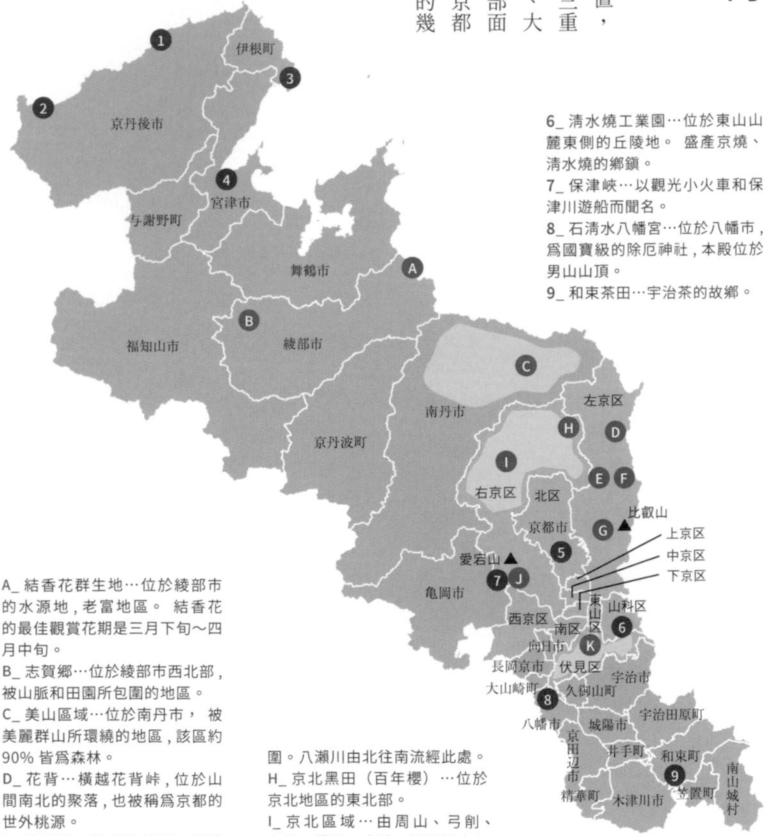

6_ 清水燒工業園…位於東山山麓東側的丘陵地。盛產京燒、清水燒的鄉鎮。
7_ 保津峽…以觀光小火車和保津川遊船而聞名。
8_ 石清水八幡宮…位於八幡市，為國寶級的除厄神社，本殿位於男山山頂。
9_ 和束茶田…宇治茶的故鄉。

A_ 結香花群生地…位於綾部市的水源地，老富地區。結香花的最佳觀賞花期是三月下旬～四月中旬。
B_ 志賀鄉…位於綾部市西北部，被山脈和田園所包圍的地區。
C_ 美山區域…位於南丹市，被美麗群山所環繞的地區，該區約 90% 皆為森林。
D_ 花背…橫越花背峠，位於山間南北的聚落，也被稱為京都的世外桃源。
E_ 奧貴船…位於貴船川上游的北部區域，東側為鞍馬與靜原地區。
F_ 大原…位於京都市左京區的東北部，比叡山的西北部，高野川的上游區域。是個擁有豐沛自然資源的近郊地區。
G_ 八瀨…位於比叡山地的溪谷地區，被西側的若丹山地所包圍。八瀨川由北往南流經此處。
H_ 京北黑田（百年櫻）…位於京北地區的東北部。
I_ 京北區域…由周山、弓削、山國、黑田、宇津、細野等六大地區所構成。
J_ 水尾…位於愛宕山的山麓地帶，也是柚子的產地。
K_ 伏見桃山區域…豐臣秀吉打造了伏見城的城下町，在江戶時代成為水運要塞。由於擁有得天獨厚的優質地下水，這裡也發展成知名的「釀酒之鄉」。

春

二月四日 ≪ 五月四日

度過二月的節分後，接著迎向忙碌的日子。
親手製作自家的味噌、醬油、
醃漬梅子，以及加入山椒的長期保存食品。
準備好櫻花糖漿、手工新茶。
飄散在空氣中的花香，使人感受到春至的氣息。
從早開到晚開的櫻花，為期大約一個月，人們四處享受賞花之樂。
冬季休耕的田地，也展開整地和播種農事。
三月的桃之節句，四月的都踊，五月的端午節句等等，
自古傳承的祭典和各式行事，接連揭開序幕。

SPRING

1

365

立春

二月四日

避邪除厄的柊鰯

京都有一項特殊的驅邪習俗，就是在二月三日的節分之日食用「鹽烤沙丁魚」。據說是因為鬼怪很討厭烤沙丁魚的味道，所以不會靠近住家。沙丁魚頭則會插在柊樹枝上，當作避邪除厄的裝飾掛在門口。這項習俗稱作「柊鰯」，由於柊葉呈現鋸齒狀，又稱作「刺鬼眼」。這個裝飾乍看很像現代藝術，但我認為它更像是一種可以窺見日本精神文化的古典美術。自平安時代起，人們就透過這種方式來迴避災厄、淨化邪氣，迎接春天到來。在時節交替之際，人們容易感到身體不適，因而會隨著避邪除厄，食用富含蛋白質、DHA、EPA、維他命B2、B6等營養的沙丁魚，來保持身心健康，平安度過節分，各位也不妨嘗試看看。

photo&text:Tomoko Tsuda

SPRING

2

365

立春

二月五日

調整健康的「身體之日」

儘管立春已是曆法上的春天，但位居盆地的京都卻是格外寒冷。當你想一掃年末年始的疲憊和緊繃感，或者稍微寵愛自己時，不妨安排個「身體之日」吧。我的話，每次都會去找調香師青木幸枝、治療師大谷百世或「花辺」喫茶部的山根聰子，與他們討論自己想改善的重點，他們也會提供最順應時節的藥草足浴、溫灸治療、呼吸法（氣功），以及添加香料的小點心等等。

正因為平日過於繁忙，才需要藉由這些體驗，更有意識地面對自己的心靈和身體，找出自己最舒適的狀態，這麼做不僅能預防疾病，也能當作掌握自身狀況的指標。位於北山的「花辺」喫茶部，每月會舉辦一次這類活動，具體日期會公布在其IG等平台上，請務必提前做好確認。

photo&text:Natsuko Ishikawa

SPRING
3
365

立春 二月六日

小草莓與香蕉的百匯果醬

草莓通常在初冬時期上市，但小草莓大概要等到二月左右吧。只要稍微加熱一下，會發現小顆草莓的味道更加濃厚，口感也更好，很適合作成果醬。所以每到這個時期，我都會特別留意市面上的草莓。

提到果醬，大家可能會先想到草莓果醬，這也是許多人喜愛的水果，所以我也會在自己的工坊製作添加草莓的果醬，然後加入香料或跟其他水果作混搭。

享用甜點時，我經常思考如何將不同水果做組合搭配，例如，我發想過一款添加了草莓香蕉果醬的草莓百匯。將帶著淡淡香草香氣的草莓香蕉果醬，搭配冰淇淋百匯一起吃很美味喔！

photo&text:Mitsuko Morishita

立春

二月七日

年初的首要家務事～自家製味噌

新年的第一件家務事，就是親手製作味噌。只要將大豆、麴及鹽混合之後靜置，一年後就會成為美味的茶褐色味噌。先準備一個大鍋，將乾燥大豆浸泡一天，讓其充分吸收水分。然後，開火將大豆煮至變軟。由於製作的量較多，除了瓦斯爐，也有人會用達摩爐或燃木暖爐來加熱。在山區還保有傳統灶台的家庭，通常會有兩個灶台，小的用於日常烹飪，大的則是煮大豆的味噌專用灶台，可見這是個多麼繁重的工作。之後，眾人會聚在一起將大豆壓碎與麴混合，然後裝入各種容器中。以我們家來說，會讓味噌熟成三年，所以下一次見到就是三年後了。歷經三個夏天的味噌，會呈現出濃郁的茶褐色。

photo:Kenji Sadakane / text:Yuki Egusa

SPRING

5

365

立春

二月八日

橫越跳石的孩子們

說起京都具代表性的河流，非鴨川莫屬。常見一對又一對情侶，等距坐在三条大橋到四条大橋之間，而鴨川沿岸的櫻花樹著實美不勝收，當新綠漸趨濃密，北邊的賀茂川一帶，將變成適合散步或做日光浴的休閒景點。出町柳的三角州一帶有個知名景點，就是橫跨河面的跳石。對孩子來說，跳石有股神奇的吸引力，看到時必定會嚷著要去一探究竟。高野川與賀茂川的匯流點，就在上京區出町附近，以北稱為賀茂川，以南為鴨川，而上賀茂神社和下鴨神社的位置及漢字寫法之間，也有微妙的一致性。我偏愛高野川的跳石，因為那裡幾無觀光客，靜謐並保有當地風情。除了是地方居民前往對岸超市的便道，孩子們也能自在雀躍地在跳石上來回玩耍。

Photo&text:Natsuko Ishikawa

立春

二月九日

京都的柔和水質

或許是因為擺脫工作後的放鬆狀態，讓肌膚特別好上妝？每次造訪京都期間，都能確實感到肌膚狀態變好了。光是淋浴，皮膚便顯得滑嫩潤澤；洗臉時，也會發現肌膚更有彈性。箇中理由讓我納悶了很多年，最終發現原來一切都跟水質有關！京都的自來水，是硬度約四十的軟水，東京的則約六十，兩者相差了整整二十。全日本約有六成地區的水質硬度都在五十以下，而東海到關東地區的水，硬度介於五十～一百之間，所以我每次訪京都會覺得水質特別溫和。軟水不僅能滋潤肌膚，也會影響茶和高湯的口感，也難怪京都的味道，總能牢牢抓住我的胃。有句成語「水乳交融」，京都正如其意，是一座連水都讓我感到親切又能舒適過活的城市。

Photo&text:aromateabase

SPRING

7

365

立春

二月十日

養成清晨呼吸冥想的習慣

日式庭園和外廊總令人格外舒服的存在，我曾嘗試冥想和深度呼吸等方法，卻很難每天規律實行。趁著節分到來，我也想找到能每天持續的活動，因而決定培養一個適合自己的每日呼吸冥想習慣。

以前去做針灸或整復推拿時，常被師傅說呼吸太淺，這點我也有自覺。但就算我試著深呼吸，也無法如願讓氣息進入胸腔或腹部。在嘗試各種自我護理和伸展運動後，終於找到適合自己的身體放鬆法。清晨時分，一邊感受太陽光線，一邊專注於呼吸上——由於我剛清醒時的身體特別僵硬，所以會根據身體當下的感受，進行緩和拉伸、慢慢轉動的伸展操。如今，這已成為我每天持續不斷的習慣了。

Photo&text:Nao Daimon

SPRING
8
365

立春

二月十一日

初午的稻荷壽司

二月的初午之日，為了慶賀神明降臨在稻荷山，人們會前往伏見稻荷大社進行參拜。初詣的熱鬧程度，全日本眾所周知，很多人會在這一天祈求事業興隆、五穀豐收。由杉樹和椎樹製作的「青山飾」，會從本殿一路裝飾到小小的末社，使神社顯得格外清新。會在初午之日授予的「杉之印」（須付費），源自於參拜者將稻荷山的杉樹枝作為參拜的記念，佩戴在身上，宛如與神明結緣般，光是拿在手上中就會令人開心。

歸途中的樂趣，在於享用「稻荷壽司」。有神明使者之稱的狐狸，最喜愛的食物就是豆皮。所以人們相信在初午之日食用稻荷壽司，能為家中帶來好運。我會到喜歡的店家購買稻荷壽司，邊享用邊想著，今年也能來參拜真是太好了。

Photo&text:Aki Miyashita

SPRING

9

365

立春

二月十二日

豐富人生的書店

京都有不少充滿個性的書店。規模小歸小，卻能連接到不同的世界，充滿了或許能改變人生的相遇。位於四條河原町的「旋轉木馬京都」（メリーゴーランド京都），雖然是童書專賣店，卻因為地處市中心，也選了不同領域的書。店內全部都是店員讀過、想推薦的好書，所以我也常請他們介紹推薦書單。想送書給小朋友時，我會提供年齡、興趣等線索，請求相關建議。通常也會得到家長表示：「孩子非常喜歡」、「你怎麼知道他會喜歡這本書？」等正面反應。我自己也多次從店家那裡，認識了不少好書。如果是自己來選書，可能會比較傾向閱讀某些類型，難以開闊視野。當你遇上一家值得信賴的書店，人生會變得更加豐富。

Photo&text:Aki Miyashita

SPRING

10

365

立春

二月十三日

情有獨鍾的蘋果塔

一年一度最讓我頭疼的作業——報稅季到來了。我每年總在後悔為何沒有及早做準備的同時與這項作業奮戰。但越是這種時候，越讓人想藉由吃點甜食來逃避現實。

「好！乾脆去一趟Le Petit Mec吧」。一旦下定決心，我便坐立難安，迫不及待地騎上單車飛奔前往位於西陣，別稱「紅Mec」的麵包店，而且也決定要吃的品項了——蘋果塔。這裡的蘋果塔，是在甜度與酸度上達成絕妙平衡的薄型蘋果派。其實十幾年前，我曾在「Le Petit Mec」工作過五年左右。當時自稱毛頭小子的老闆西山先生，正忙著開設多家分店，我也在這段期間內，共享了那些夢想。能有像他這樣的人生前輩引領前方，真是我莫大的幸運。

Photo&text:Naho Masumoto

SPRING

11

365

立春

二月十四日

用麴調味料來做常備菜

「麴調味料製作會」是配合製作味噌季節到來而舉辦的活動。其中由「二條小島整復所」小島師傅所主持的試吃時間很受歡迎，堪稱發酵保存食品的寶庫。背後的想法是，當人因為美觀又美味的食物，而感動和動手投入的時光中，會變得心無雜念，使身體放鬆進而提升自癒力，體驗過後會更容易覺察到身體的微小變化。

松葉蒟蒻、豆乳優格美乃滋、鹽麴豆腐醬油、鹽漬高麗菜、鹽麴起司、納豆、味噌漬菊芋、橄欖油漬洋蔥麴、小魚乾、羊棲菜、番茄麴番茄醬、泡菜，還有以米麴、小麥麴、豆麴所做的各式味噌，全部都很下飯，餐後容易消化又清爽！在豆乳中加入玄米乳酸菌做成的豆乳優格，以及納豆、鹽麴漬物，如今已是我家的常備菜了。

Photo&text:Natsuko Ishikawa

SPRING
12
365

立春

二月十五日

銅鍋二三事

我究竟有幾只銅鍋呢？法國製的圓底果醬鍋、印尼的燒水壺、在古董市場找到的小鍋子……。銅鍋的熱傳導率很好，無論是煮水果或青菜都能維持原本的色澤，成為我天天使用的主要原因。此外，銅鍋也會在使用過程中，產生色調上的變化、帶來清洗研磨的樂趣。這種獨具設計感的樸素工具，正是符合我理想的鍋具。我認識一位京都的銅鍋工匠，每當完成重要工作後，到他經營的店舖訂製新鍋，成為我的一項樂趣。三十三間堂西側的「西側33」，該店的圓底果醬鍋，不僅能防止燒焦，還因絕妙角度能自立放置。另外，我也訂製過銅製淺鍋，以及一只兩側都有注口的鋁製雪平鍋。雖然家中的鍋子不斷增加，我卻早已決定好下回要訂製的款式了。

Photo&text:Mitsuko Morishita

SPRING
13
365

立春
二月十六日

東寺的月初跳蚤市場

東寺會在每月第一個週日舉辦跳蚤市場。寺院境內，攤販鱗次櫛比，商品種類豐富到連專家都前來採購，讓熱愛老東西的人無法自拔。我也曾在工作室搬家時，為了尋找想要的圓椅，天未亮便前往物色尋找。但只是想找一般器皿的話，八點左右到場就夠了。那天，我還另外收穫了幾件小物，如：都踊的團子盤和蕎麥杯等。

有些日子我會特別注意玻璃器皿，有些日子是二手布料，根據不同日子變換關注物品本身即是樂趣所在。我不太會預定目標，而是以遇見心動物品的期待感出門。每當我全心聽著店家介紹器皿的淵源及時代背景時，那些在眼中一度看似毫無二致的物品，總會出現一些閃耀著光芒的寶藏，這點至今仍令我感到不可思議。

Photo&text:Mitsuko Morishita

SPRING

14

365

立春 二月十七日

在晨曦的四条大橋上遠眺

水流由北而南穿越京都的鴨川，沿途建有數座橋樑，其中人潮往來最為集中的就是四条大橋。在四条通的東邊，有京都人親暱稱作「祇園桑」的八坂神社和歌舞伎劇場「南座」；西邊則是先斗町與四条河原町，經由四条大橋通往代表京都的繁華街。橋面兩端總是熱鬧非凡，常出現不少自彈自唱的年輕人。

雖然這座橋上人來人往，但從側面眺望卻也能感受到季節變化。在寒氣凜冽的京都冬季，即使市中心天氣晴朗，鴨川遠方的比叡山頭卻也可能鋪滿雪白。匆忙的日常生活之中，乘隙一瞥遠處的風景，邊拉高大衣領口，加快腳步趕緊過橋，這是京都冬季清晨時分常見的街頭景象。

Photo&text:Mikiko Toshima

SPRING
15
365

立春

二月十八日

透出花街氣息的薰香老店

香氣自古就是生活中必不可少的一部分。無論是家中佛壇的線香，寺院裡燒的焚香，甚或茶室的香爐，處處飄散著緩和人心的香氣。京都人認為，用香氣迎接客人也是一種款待。中京區三条通堀川東側一帶，有一家別有風味的「香老舖林龍昇堂」，被京都市指定為具歷史意義的戶外廣告建物。店內陳列著白檀、沉香等各種天然香料，空氣中瀰漫著花街般的香氣。據說天然材料點燃時，會散發容易辨認出差異性的獨特深沉香氣。在眾多手工香類中，特別推薦「舞妓maimai」香台組。「maimai」在京都方言中意指散步，所以這個香台有舞妓悠閒漫步之意，而且還有「賀茂川」與「祇園」兩種選擇。請試著用江戶時代傳承下來的深邃香氣來療癒五感吧。

Photo&text:TomokoTsuda

SPRING

16

365

雨水

二月十九日

爲椅子替換布料

這把椅子來自瑞士的銀行。當初買下時就已經有點年紀，在用了二十年以後，椅面上的布料終於破損。經熟人推薦，我請位於御所西的「村上椅子」，幫忙仔細檢查椅子的狀態，店家表示椅面的布料應該能替換，於是我去選了新布料。

店家推薦的選項都非常精準，讓我遲遲難以下決定，左思右想後好不容易才定案。幾週過後，當我抱著修復好的椅子踏上歸途時，感覺如同帶著久違的孩子回家，不禁說了聲「歡迎回來」，然後將它放回原處。椅面的顏色變亮了，整張椅子感覺年輕了許多。坐起來也變得很舒服。「村上椅子」是預約制的店家，除了提供修理服務，他們店內還有各種沙發、凳子，以及客人們想維修的舊椅子。

Photo&text:Mitsuko Morishita

雨水

二月二十日

星詠與花曼茶羅聚會

受到「Astro Rico」的Lica和「Healing salon kitohana」的花有子兩位所吸引，我參加了名為「星星、植物與我們」的活動。花有子說到，花曼茶羅是一種以直覺來排列當季花卉與植物的體驗。Kirtan是印度對讚美詩歌或梵唱瑜伽的稱呼，身體想動時，就試著隨興搖擺或舞動，反覆出聲吟唱曼陀羅（讚歌或禱詞），感受其在體內產生的迴響。只要全心委身僅此一次的當下，身心靈都會逐漸舒展開來。另外，品嘗樹里女士以星星為靈感所做的美味料理時，也是與會者分享彼此對宇宙星象運作的現象、植物和星座在時時變動中的關係性和變化，以及各自境遇和心得的時間。這個由靜原「Millet」創始的聚會，能凝聚生活中的從容智慧，相信將在京都掀起一股風潮。

Photo&text:Natsuko Ishikawa

SPRING

18

365

雨水

二月二十一日

京都的凜冽、綾部的雪

由於從小在即便冬天也溫暖而乾燥的四國香川長大，所以京都盆地特有的濕氣及寒冷，總令我特別難受。偏偏我又因個人喜好，至今都住在地面會滲出凍人寒氣的老房子或町家（木造房）。最後還搬到位於京都北部，濕氣更重、降雪量更多的綾部地區。記得搬來的第一年冬天，雪下個不停，積雪多到不剷除就無法出門的地步。

修建房屋時，我沒選擇人造物質（如：發泡聚苯乙烯）當做保溫材料，而是以維持土地原貌為前提，直接鋪上三公分厚的杉木板。因為木頭本身質地已十分溫暖，再加上木頭和土壤都會呼吸，有助於調節室內濕度。未來若再度改造，我考慮使用稻草當作保溫材料。這棟房子使我真切地感受到了日式老宅的魅力。

Photo&text:Eriko Ueda

SPRING
19
365

雨水

二月二十二日

日、中、西式酒粕料理

冬季料理的樂趣之一，就是「酒粕」。京都有許多酒廠，你能輕易透過酒粕品嘗出每種酒的特徵。酒粕大多被用來煮成酒粕湯，但濃縮了醇厚酒味的酒粕中，也飽含了大量鮮味，所以我會用來入菜提味。無論是日式或中式料理，都跟酒粕很合拍；而烘烤後的酒粕會散發出起司般的風味，所以也很適合用於西式料理。若將酒粕和甜酒麴以一：一的比例拌勻，不只能讓酒粕迅速軟化，也更方便烹飪。可用於燉煮和煎炒料理，或者用來醃漬肉或魚，當作冬天的常備菜。另外，將酒粕與醬油以一：一的比例混合，很適合需要增添層次感的料理上。酒粕在很多地方都能派上用場，像是培養酒粕酵母，當作自製味噌的封蓋，甚至放到夏天作為漬物的醃料。

Photo:Kenji Sadakane / text:Yuki Egusa

SPRING

20

365

雨水

二月二十三日

融雪下的青苔

草木萌芽的這個時期，綠意自曠野逐漸蔓延到上山，太陽光芒逐漸增強，京都盆地被反射到周圍山脈的日光照亮。這個季節始於腳下。早晨外出散步時，在理應四下無人的寺院境內，你能聽到颯颯、嘶嘶等聲響。這是來自冬眠中的植物，因為被陽光的明亮與溫暖所喚醒，而漸漸回復生氣的聲音。新芽向上生長，推開成堆枯葉的聲音，然後是嫩芽綻放的聲音。

為了聆聽這場植物的合唱，我提早起床，信步前往寺廟境內或附近的樹林。如果早上還留著殘雪，甚至能聽見融化的水流與滴水聲。從土地冒出嫩芽的生機，纖細新綠使人感受到生命展開。這些都是只有這個季節才能聽見的珍貴聲響，請一定要細心傾聽。

Photo&text:aromateabase

SPRING
21
365

雨水

二月二十四日

開在蔬果店內的蔬食烹飪課

以奈良「Kitchen Work」為據點，開設蔬食烹飪課程的知沙老師，上課時都會用容易取得又安全的食材和工具，來作當季的蔬食料理，而且盡是華美到超乎想像，以及帶來滿足感的菜色。而她在京都市內、西陣廬山寺通「健康食堂」（すこやか食堂，咖啡店兼蔬果鋪）內新設的烹飪課，總是迅速售罄，十分受歡迎。她主張飲食應留意一物全體（取用整個食材）和平衡陰陽，才能使生活和身體維持中庸，這是一種能夠輕鬆實踐，不需要強迫自己的理念。其他還有料理要控制在二、三種顏色內，如何巧妙利用鹽和油來增添蔬食的滿足感、留意口感不要太過單一，選擇便宜又美味當令食材……這些都是在知沙老師不厭其煩地解說中學到的訣竅與智慧。

Photo&text:Natsuko Ishikawa

SPRING

22

365

雨水

二月二十五日

每月一次的萬年青市集

每月二十五日的萬年青小型市集，是由西陣知名餐廳「串炸萬年青」（串揚げ万年青，大宮通鞍馬口下）所舉辦。有機食品予人一種不可高攀的印象，但主辦人希望它成為一種理所當然的日常。以「只要食物夠美味，就會讓人想再度品嚐」為信念聚集了同好，從二〇一三年展開這項活動。日期選在與北野天滿宮的天神市同一天，是為了讓京都居民記住，也希望藉由每月持續舉辦讓活動真正扎根。從無農藥、自然耕作、少農藥到無添加食材，匯集各種誠實生產的東西。有時是當季蔬果、麵包、甜點、便當，甚至是來自高知的魚乾等，雖然擺攤店家時有不同，交流起來卻別有樂趣。來客可以請店家做推薦或與友人相會，如同古早市場，連結人與人之間的關係。

Photo:Satoko Noguchi / text:Aki Miyashita

SPRING

23

365

雨水

二月二十六日

與在地關係緊密的美術館

一九三三年（昭和八年）開館的京都市美術館，緊隨上野的東京府美術館（現為東京都美術館），成為日本的公立美術館。唯因建築物老化，在二〇二〇年重新翻修後，更名為「京都市京瓷美術館」，將古典建築轉化成具現代感的空間。館內的中央大廳、庭園和屋頂露台等公共空間，即使沒買門票也能自由出入；咖啡廳和博物館商店也對大眾開放，儼然成為一座與城市緊密相連的開放式美術館。除了當代藝術到與京都有深厚關聯性的作品，也會同時舉辦各種展覽，這點是此處的一大魅力。京都市京瓷美術館所在的左京區岡崎一帶，也緊鄰京都國立近代美術館等文化據點。我很開心看到自小熟悉的場所，如今變得如此充滿活力。

Photo&text:Aki Miyashita

SPRING
24
365

雨水

二月二十七日

陰影美好的日本家屋

這間和室被我們全家當成書齋使用，是一個能大大地激發想像力的空間。明亮的庭院裡，種植著學問之神——菅原道真公所喜愛的梅樹。以傳統日式住宅來說，生活空間與庭院相較下，總是略為昏暗，彷彿施加了一層隱藏生活痕跡的魔法。

這種建築構造，十分常見於京都住宅中。和式紙門後若隱若現的樹影，淡淡延伸於塌塌米上的書桌影子，以及來自戶外時刻變化的陰影，都使人感受到靜謐之美。冬日光線柔和且低垂，能照射至屋內深處，逐漸提升清晨劇烈下降的室溫。當我一鼓作氣打開拉門，刺眼的光線會伴隨著凜冽空氣，瞬間佔據室內。外頭滿是綻放的梅花，白色花瓣反射著日光，柔和地打量周遭。梅花齊放的當下，京都各處都迎來了絕佳賞花期。

Photo&text:aromateabase

雨水

二月二十八日

京都的獨立電影院

我認識的道地京都人，印象中似乎都對大型、知名的事物不太感興趣。儘管喜歡嘗試新事物，基本上不太隨炒作起舞，更重視事物是否為自己所熟悉的、常去的、慣常的選項。我很憧憬這種堅定不移又帥氣的態度。烏丸御池的地標之一，重新開幕的「新風館」，保留了大正時代原京都中央電話局的美麗磚造建築，充滿歷史風情的格調，以及如同遊走異國的氣氛，讓人不住前往造訪。我曾在地下樓層的獨立電影院「UPLINK京都」，觀賞長篇紀錄片《杜人》。這裡常放映一些探討環境議題或反映社會的紀錄片，也不時會出現令人好奇的作品。其他類似的地方，還有「Kyoto Cinema」和「京都Minami會館」等等，這些獨立電影院自成一格的社群感，也十分吸引人。

Photo&text:Natsuko Ishikawa

雨水

三月一日

鮮爲人知的路邊名水

京都盆地受到群山環繞，並有鴨川、桂川等河川流經，受惠於此，地下蘊含著豐沛水源，其水量據說相當於琵琶湖的三分之二。而這些地下水，最終都會成為市內眾多神社的湧泉。

有些京都居民，會特地去汲取自己偏好的名水。其中一個名水勝地是中京區的銅駝水。位置就在二条大橋附近，京都麗思卡爾頓酒店北側、銅駝美術工藝高中的某處圍牆上，設有一個供人取水的水龍頭。其實這是以防災為目的而設置的取水點，從不起眼水龍頭流出的泉水，味道柔和甘美。有些熱情的粉絲，甚至會開車帶著幾個塑膠水箱前來取水。此外，知名藝術家草間彌生，以及因《宇宙兄弟》聞名的漫畫家小山宙哉，都是從這所高中畢業。

Photo&text:Mikiko Toshima

SPRING

27

365

雨水

三月二日

從大原野將金合歡帶回家

在寒意尚未散去的時節，別名相思樹屬的金合歡樹，令人感受到了一絲早春氣息。近來，愈來愈多人會在家中種植金合歡樹，為這個季節增添了不少亮眼的期待與喜悅。藝術家吉田Marimo，移居到以大原野神社聞名的西京區大原野。在她的工作室後方，有一棵高度超過屋頂的金合歡，因為生長速度極快，每年都要細心修剪，所以她的朋友會在每年此時，收到幾乎放不進車內的金合歡當作伴手禮。由於傳統日本家屋室內較多昏暗的空間，故我會將大量的金合歡分別放置，像是直接以原樣擺飾成如同長在室內的樹木；做成掛在玄關、餐廳等空間的花圈或花藝裝飾或轉贈親友。在大自然色調仍然單調的時節，古城京都有愈來愈多住家，一起加入享受金合歡的行列了。

Photo&text:Natsuko Ishikawa

SPRING

28

365

雨水 三月三日

上巳節的和菓子引千切

日本女兒節的甜點「引千切」，形如其名，宛如被拉扯成型。源頭可追溯到宮廷過上巳節的傳統。江戶時代初期，東福門院的女院御所，因為接待大量賓客而忙到沒空搓成球狀之下，選擇直接拉扯製成。這段由來收錄於京都和菓子名店的第十五代繼承人——川端道喜著作的《和菓子京都》（岩波新書）書中。行文足以讓人想像彼時宮廷過節，女官們忙碌準備的華麗場景。

引千切只在節日時的和菓子店短暫現身。狀如用小杓子撈取寶石，又如女兒節人偶的小道具，精緻討喜。基底由草餅或加入麵粉的白餡製成，再鋪上栗子或紅豆泥等。每間店都別有特色，有的可愛，有的典雅，各有其趣。但與當初的由來相反，現今的引千切，已然成為和菓子中最費工的代表之一。

Photo&text:Aki Miyashita

SPRING

29

365

雨水

三月四日

北野天滿宮的夜間參拜

京都的眾多神社和寺廟，都會依循季節開放夜間參拜時段。雖說我長年居住於京都，卻至今不曾參加過夜間參拜活動。這次在朋友邀約下，我首次前往北野天滿宮進行夜間參拜。這也是我生平第一次走入夜間的梅園。由於當時正值梅花即將滿開的季節，白梅與紅梅競相綻放，正是賞梅的最佳時機。夜幕下的燈光照亮梅樹，與黑暗中的梅樹枝條，營造出一股妖豔氛圍。幽暗廣闊的天空之下，綿延著位於梅園另一側、整片高聳樹林構築的天際線，站在新建的觀景台上，我愣愣地凝視著眼前的美好景象。

夜晚與白天展現出截然不同的風景與氛圍，漫步遊覽其中，令人感到愉悅舒心。那天，我決定未來也要去拜訪其他神社和寺廟。

Photo&text:Nao Daimon

SPRING

30

365

驚蟄

三月五日

冬春兩季，皆爲椿花傾心

日本原生椿（山茶，學名 *Camelia japonica*），於雪中盛開的模樣令人難忘，予人一種冬之花的印象。但它其實品種多元，賞花期長，可從十一月持續到隔年四月。京都有許多賞椿景點，尤其推薦春天。雖然是常見的庭花，但其多樣的色彩和形態媲美玫瑰，讓我在各地探訪時為之傾倒。茶道名人織田有樂齋當成茶花來愛的椿花，又稱有樂椿。等持院即有一株樹齡約四百年的有樂椿，當花瓣散落於青苔之上，更顯其美。地藏院的五色八重散椿上則有紅、白、粉，以及紅白二色的椿花，一棵樹上綻放了多種色彩。靈鑑寺在花期會特別對外開放，寺內有超過百種椿花。日光椿和月光椿呈花瓣狀的花蕊，質地如天鵝絨般柔順。漂浮於水面，點綴成花手水的椿花，更是美到令人入迷。

Photo&text:Aki Miyashita

驚蟄

三月六日

在昔日小學教室，進行日常排練

於二〇〇〇年四月啟用的「京都藝術中心」，原本是一所小學，將建築保持原貌作為文化場所。過去的教室和禮堂，如今成為了製作室，各式展覽、茶會、傳統藝能、音樂、戲劇、舞蹈等各種藝術活動的演出場所。我們也為了融合戲劇和舞蹈的作品，而日日前往練習。在曾是學童聆聽講課的教室中，我們用粉筆在黑板上做筆記，與同台的演出者、劇作家、導演，以及編舞家不斷進行意見交流。我們抄寫筆記，實際行動演練，打造舞台上的每一幕，猶如回到學校的課堂上，背誦劇本便是我們的回家作業。曾經令人厭煩的作業，如今卻能自發地全心投入，連我自己都感到驚訝。看來，雖然遲了些，我也終於成為不會被父母和老師責罵的好學生了。

Photo&text:Takuma Oshiba

SPRING
32
365

驚蟄

三月七日

提供鴨川野餐服務的咖啡館

在鴨川附近，從北大路通沿著小巷稍微走一段路，會遇到一家名為「WIFE & HUSRAND」的小小咖啡館。這個販賣咖啡豆、古董，以及經典復古物品的空間十分迷人。門前排列了許多椅子和折疊桌，我一度以為他們是桌椅專賣店。

但實際上，這些都是租借的用具，店家會將精心沖煮的咖啡與點心放入籃中，讓來客帶到附近的鴨川河畔，輕鬆享受野餐的樂趣。這還真是個唯有在鴨川旁才能成立的妙點子。雖然我總想著某天要租借一些用品，到鴨川河畔細品咖啡，但也同樣喜歡店內的氣氛，一旦走進店裡，就會忍不住留下來喝一杯咖啡。偶爾，當我打算讓心情煥然一新時就會想來到這裡。因為我很喜愛戶外活動，終有一天要來試試這套野餐服務。

Photo&text:Nao Daimon

SPRING

33

365

驚蟄

三月八日

懷抱金合歡的幸福感

三月八日，是金合歡日。這天也是義大利的「女性之日」（Festa della Donna），據說男性會送金合歡花束給女性，對象不僅限於妻子或戀人，也包括家人、朋友及同事。這是何其幸福的習慣！聯合國制定的「國際婦女節」也是同一天，而金合歡同樣在京都受到歡迎。金合歡小花成簇抱在懷中，會使人充滿幸福的感受。無論是整枝或剪成小段都十分美觀，也很容易作成花環等裝飾。處理成乾燥花長期觀賞，亦有不同的魅力。每逢金合歡花期，我都會光顧一家今出川町住宅區內的小巧花店「suuka」。店家期望顧客能以「如同買點心般輕鬆地享受花卉之樂」，即使只挑一支，花朵也能更貼近人們的生活。有這樣熱心推廣花卉樂趣的花店，是居住於京都的一大樂事。

Photo&text:Aki Miyashita

驚蟄

三月九日

於祇園遇見魯山人

位於祇園中心的「何必館」，一旦踏入館內，就會被空間中那股寧靜十分的氣氛吸引，放慢欣賞腳步，不知不覺長時間逗留。館內有多層展示空間，五樓的「光庭」無論季節或天氣，都能呈現令人賞心悅目的景色。地下的常設展「北大路魯山人作品室」，更是我個人認為必看的亮點。館長梶川芳友先生曾在講述魯山人的文章《今日感會》中提及：「魯山人尊重與他人的每一次相遇，並實際付諸努力，為了那些短暫且不再到來的時刻，做好最萬全的準備。」這段話，深深觸動了我。

我本身在工作或私生活上，時常需要接待不同的賓客，雖然遠不及魯山人那般嚴以律己，但他提到迎接客人時的準備與用心，都讓我深有同感並且銘記在心。

Photo&text:Naho Masumoto

SPRING

35

365

驚蟄

三月十日

丹後的窩斑鰶壽司

「窩斑鰶壽司」（このしろ寿し）源自京丹後市的久美濱灣，將當地豐收的窩斑鰶作成保存食品的習慣，自古流傳至今。窩斑鰶盛產於冬天，將長約二十公分的小魚用醋醃漬過，然後在整條魚身中塞入炒過的豆腐渣、柚子皮、大麻籽以及其他調味料。雖然魚身有較多脂肪，但吃起來頗為爽口（在食用前會先切成適當大小）。據聞德川家康也吃過這道壽司。當年，統治丹後國的細川家遭懷疑意圖謀反，在聽取久美濱城主松井康之的建言之後，主動向德川家康饋贈了兩桶「窩斑鰶壽司」作為節句賀禮，而家康在品嚐過後，也回了一封表示「著實美味」的感謝信，細川家才因此逃過一劫。假如有機會在冬季遊訪京丹後，請務必把握良機，好好品嚐這道美食。

Photo&text:Naho Masumoto

SPRING

36

365

驚蟄

三月十一日

克拉拉的蒸餾體驗會

我有位名為克拉拉的法國友人，因為對京都文化與禪宗十分感興趣，在種種因緣下嫁入禪寺。在寺院境內，有一片蔥郁的香草園和農田。

克拉拉生長於法國鄉村，從小就很習慣自然療法與順勢療法，並將植物的能量融入日常之中，如：草本茶或料理。她會蒸餾新摘的艾草和薰衣草、手作軟膏和化妝水，而且也是很受歡迎的植物療癒師。她因為被日本獨有的松樹功效吸引，舉辦了松葉的蒸餾會。而活動中使用山泉水所蒸餾出來的松葉草本水，香氣濃度超乎想像，甚至帶有一絲微甜味。她曾提到：「和下廚做料理一樣，蒸餾時的心情也是個關鍵。要盡量帶著平靜的心情，真誠地面對蒸餾作業，這跟注重材料品質的想法同等重要。」這段話特別令我印象格外深刻。

Photo&text:Natsuko Ishikawa

SPRING
37
365

驚蟄

三月十二日

製作檸檬甜酒

家門前的檸檬樹開始結果了。好不容易用無農藥種成的檸檬，就想連皮帶肉的物盡其用！大概從十一月開始，我會陸續採摘下來使用，做成檸檬水或果醬，到了果皮長厚的三月最終收穫期，則拿來釀成檸檬甜酒。

用新鮮檸檬製作的檸檬甜酒，香氣四溢，我會將金黃色的檸檬甜酒保存在冷凍庫，為即將到來的炎炎夏日做好準備，慢慢品嚐它芳醇濃郁的口感。雖說我原本就會為每個季節，預備各種不同的保存食物，但製作檸檬甜酒對我來說，也算是一種新的嘗試。這是一種來自義大利的做法，在我位於京都的家中也逐漸變成常態，說來也真是有趣。透過種植檸檬樹，我每天都能欣喜地體驗到「四季帶來的豐富感受」。

Photo&text:Naho Masumoto

SPRING

38

365

驚蟄

三月十三日

與孩子一同體驗縫紉樂趣

每月的第二個週四，左京區西部充滿活力的市民活動中心都會舉辦縫紉班，講師是「內納洋裁店」的令子小姐。大家都能自由進行創作。手工縫製雖然耗時，但隨著一針一線慢慢縫，作品不知不覺間便完成了。因為每個人都有想做的東西，所以成品各異其趣，但成員透過分享靈感、交換意見之間，又找到了下一個作品的參考。最近有不少人嘗試改造和服或浴衣，作品的類型更加多元了。去年開始，花背地區也舉辦了這個活動，由於時間選在星期日，吸引許多孩子參加。令子小姐會先教大家如何穿針引線，經過練習，孩子們不僅能自己穿線、打結，還能透過彈線來調整線的鬆緊度。專心縫紉的過程，以及看到作品完成的那份喜悅，實在非常有趣。

photo:Kenji Sadakane / text:Yuki Egusa

驚蟄

三月十四日

碓井豌豆湯

這是碗豆嗎？不是嗎？一樣嗎？這明明是在超市架上常見到不足為奇的蔬菜，但我初次看到時，卻是幾度伸手又縮手、遲遲不敢拿起。初抵京都時，總是遇見這種蔬菜，只好抓著賣場人員問問題，試著吃吃看或敬而遠之。因為碓井豌豆的包裝上寫著「一包能做兩杯米的豆飯」，讓我以為是一般的豌豆而買回家。不過，吃過後才發現有些不一樣，從豆莢的厚度到香氣都格外溫和。似乎在關西地區特別普及。由於這種碗豆的味道不強烈又容易入菜，如今每到產季，都會很期待它快快出現在蔬果區，無論是做成簡單的清湯，與新鮮的春收馬鈴薯一起料理，還是涼拌胡桃，或作成沾醬，都能呈現出恰到好處的淡綠色及微微香氣，成為我春季必定入手的食材之一。

Photo&text:Mitsuko Morishita

驚蟄

三月十五日

連花朵都能享用的黑文字

在品茗的場合上，經常出現一種單面呈現黑色樹皮紋路的和菓子筷或小叉，這個物品稱作「黑文字」。由於京都有不少品嚐抹茶的地方，所以應該蠻常見的吧。事實上，黑文字是一種植物（樹木）名稱。除了做成筷子或小叉，這種植物也會應用在香水、茶和樹籬等多方用途上。黑文字從江戶時代以前就十分普遍，整棵樹會散發出如柑橘和肉桂般的清爽香氣，因而深受人們喜愛，常作為種植在庭院中的樹木，或者製成京都住宅使用的黑文字籬笆。

每逢驚蟄時節，黑文字樹會綻放小小的花朵，飄散出淡雅清香。透過實際品嚐更能體會其香氣，所以可以像山椒花那樣，當成料理的調味料，或是將整根細枝浸泡水中一晚做成香草水。

Photo&text:aromateabase

驚蟄

三月十六日

讓人覺得「回到京都」的老地方

「Cake&Cookie Lindenbaum」位於御幸町通三条南向之處，這家曾在仙台經營三十七年，很受歡迎的咖啡館，在二〇一七年白色情人節那天，轉型成外帶甜點專賣店於京都重新開張了。店主夫婦笑稱：「如果告訴大家，肯定會引起一陣騷動，才選擇悄悄地來京都。」開張後，除了仙台的老顧客不時到訪，就連附近鄰居也成了常客。有句話說：「如居住般地生活」，看到夫妻二人的笑容，總讓人情不自禁地想說聲「我回來了」，確認自己真的回到了京都。這家店的餅乾，介於熔岩巧克力蛋糕跟布朗尼之間，是唯有這裡才吃得到的巧克力甜點。如果有機會造訪，不妨品嚐這款特色甜點、馬斯卡彭布蕾和巧克力慕斯，體會店主夫婦的笑容。

Photo&text:Mikiko Toshima

SPRING
42
365

驚蟄

三月十七日

走訪「海之京都」的匠心之旅

近年來，京都北部的丹後地區，經常以「海之京都」為名受到各界介紹。除了以和服布料聞名的「丹後縐綢」（丹後ちりめん），當地也是食材的寶庫。從京丹後、伊根、宮津到舞鶴，不僅海產豐富，農業也十分盛行，創造並推動了許多獨具特色的京野菜品牌。

走訪食材製造者的旅遊行程，是丹後地區之旅的醍醐味。這天，我們造訪了生產「富士醋」的飯尾釀造所（飯尾釀造の蔵）。他們自行種植白米，使用的米量是一般食用醋的好幾倍。其認真、毫不妥協的釀製過程，令人深感敬佩。試飲環節更是行程中的亮點，除了純米醋，當品嚐到極受歡迎的醃漬醋和水果醋等產品時，你或許也會深陷於這引人入勝的世界。

Photo&text:Yuki Homma

SPRING

43

365

驚蟄

三月十八日

值得特地前往參觀的藝廊

為了欣賞「AFLO＋」的皆川眞弓個展，我來到位於岩倉的「鞋類關塚／岩倉AA」。這是一間由木材倉庫改建的寬敞藝廊，裡面陳設著幻想植物裝置藝術，利用多種絲線巧妙編織，呈現大自然的深奧，其中新作的葉片美得令人難忘。堅持以展示為主，不銷售如耳環等熱門產品，讓人深感其對藝術的純粹氣魄。

此外，參觀者也能試穿這裡展示的衣物，坐在長椅上啜茶品茗，邊觀賞獨樹一格的展覽空間，或者透過玻璃一窺製鞋過程，這裡提供了不同於市區的悠閒樂趣。其他還包括有機棉製成的布展、皮製的分趾鞋襪，以及精美的剪刀等等。這間位於靜謐住宅區深處的藝廊，集結了能帶給人全新感受的手作魅力，十分值得特地前往觀賞。

Photo&text:Natsuko Ishikawa

SPRING

44

365

驚蟄

三月十九日

傾訴春意的櫻花糖漿

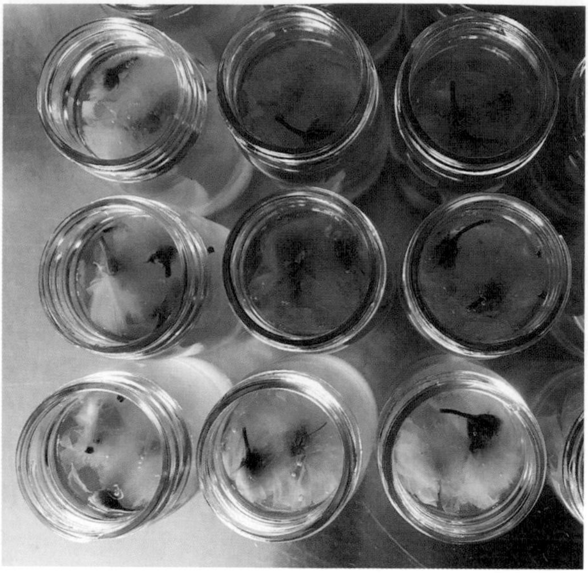

每當三月腳步將近，我會開始鹽漬八重櫻，然後做成櫻花糖漿、封存瓶中。除了適合搭配碳酸水或白酒，淋在寒天、奶酪或起司蛋糕上，又別具風味。櫻花糖漿的輕柔香氣，如同春天的使者，完美地融入賞櫻時光。這款櫻花糖漿，會在烏丸松原一間專賣器具和道具的商店「木與根」（kitone）上架販售。雖然外頭寒冷依舊，但堆成小山的櫻花被一一除梗，進行去鹽步驟時，整個工作台都會被染成櫻花色，在熬煮、盛瓶的過程中，我數度驚嘆其美麗。即使每年都經歷一樣的過程，櫻花始終能觸動內心深處。就算不特別去哪裡，透過這櫻花糖漿，我也充分欣賞到今年春季的第一場櫻花了。期盼天氣轉暖，能再前往各處享受櫻花綻放的姿態。

Photo&text:Mitsuko Morishita

SPRING

45

365

驚蟄

三月二十日

有馬廄的京大校區

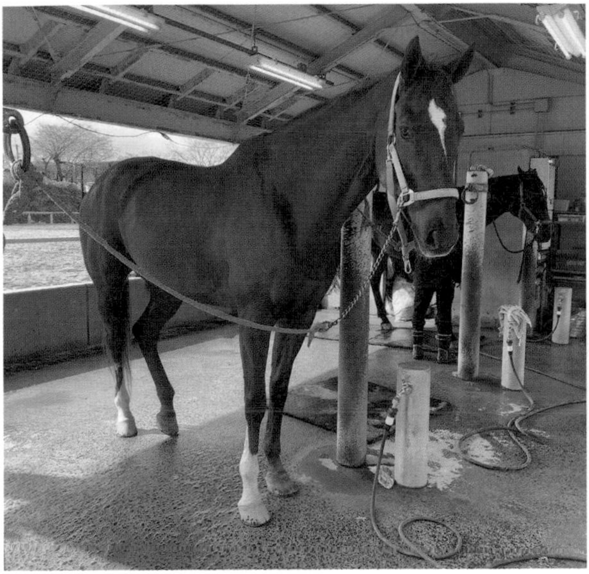

京都大學是日本當年成立的第二所帝國大學，於明治三〇年（一八九七年）創校。京大校園平常保持對外開放，對京都居民而言，是一個相當貼近生活的場所。當你穿越創立之地——吉田校區的正門之後，首先映入眼簾的是京大的象徵，樟樹與鐘塔大樓。校內不僅有充滿歷史氛圍的獨特建築，還有醫學部的櫻花樹廊和理學部的銀杏樹廊，自然景觀宜人。

京大校區北部，設有研究作物用的農場，甚至連馬廄都有。雖然遊客不能實際進入馬場，但在京都這樣的都會區，能見到如此具有鄉村風情的景致，實在令人眼前為之一亮。在大學放假期間，儘管校園內相對寧靜，但馬術俱樂部的學生仍會每天來這裡報到，細心照料馬兒。

Photo&text:Mikiko Toshima

SPRING

46

365

春分

三月二十一日

幸福的賞櫻巡禮

京都的櫻花除了著名的染井吉野櫻，從長德寺的阿龜櫻、一條歸橋的河津櫻，到仁和寺晚開的御室櫻，各式品種競相綻放，花期將近一整月。鴨川沿岸，處處可見盛開的櫻花，光是簡單散步就令人備感幸福。

每年一到花開時節，心情總是格外雀躍，我帶著與重要之人久別重逢的心情，巡訪喜愛的櫻花。京都有數不盡的賞櫻名勝，最知名的代表為平野神社，以及圓山公園的祇園枝垂櫻。每年我都會一路從祇園白川走到岡崎，再往蹴上傾斜鐵道、哲學之道前進，這條賞櫻漫步行程。無論從北方或南方開始，都會經過咖啡館、美術館和寺廟，途中不妨順路探訪，小憩片刻。當櫻花散落而下，水上的花筏堪稱絕景，即便到了花季尾聲，都令人沉醉不已。

Photo & text: Aki Miyashita

SPRING

47

365

春分

三月二十二日

每月一次的刮痧療程

身為芭蕾舞者，必須定期整復及保養自己的身體。所以我每個月都會到位於京阪電車三条站附近的「比翼之樹」（ヒヨクノ樹）接受刮痧治療。

刮痧是一種使用特製刮痧板，在施術部位上依序重複刮動，以促進血液及淋巴流動的治療方式。初次接受治療時，氣血淤積使我的背部呈現一整片瘀斑，但經過第二、第三次治療，情況明顯有所改善，瘀斑也不再出現了。

療程結束後，身體感覺更加輕盈，由於連帶排除了累積在背部和腰部的老廢物質，我的脊椎也越發直挺。物理治療師OKKI老師也是一名爵士舞者，並深諳中醫、藥膳及芳香療法。他會根據當日的肌肉與內臟狀態，判定患者近期的身心狀態，精確提供應該怎麼吃、如何調整生活習慣的建議。

Photo&text:Takuma Oshiba

SPRING

48

365

春分

三月二十三日

似有若無的花香

即使院牆高聳，香氣也會穿越而來——京都有許多被高牆環繞的寺廟、佛院與宅邸。有時沿路的圍牆太高、太長，瞬間會讓人迷失方向，不知自己身在何處。隨意飄散而來的香氣，總會令人聯想到清幽的寺院，或匠心獨運的庭院景致。

正因香氣無色無形，更能激發我們的想像力。春天的忍冬，夏季的梔子，秋日的金木犀和冬令的沈丁花。在庭院種植這些會散發香氣的植物，不僅具觀賞用途，或許也能令匆匆路過的人們感到喜悅。假如你隨著風向，任由香氣吸引，不妨試著彎進一條預定路線之外的巷弄吧。也許在小徑的盡頭，你會發現綻放花朵的樹籬，遇見未曾造訪過的隱密店家，獲得全新的體驗。

Photo & text: aromateabase

春分

三月二十四日

始於蜂斗菜花芽的山菜季

當積雪慢慢開始融化之際，最先冒出頭的就是「蜂斗菜花芽」。每當看到在厚雪覆蓋下依然堅韌生長的植物，總令我驚訝不已。因為山菜多為野生動物所好，所以蜂斗菜花芽出土後，總會被鹿吃掉，以至於我只能在有柵欄圍住的地方找到。蜂斗菜的花芽有一種微苦的春季風味，經過烹煮，可用冷水沖一下來去除苦味，再加入味噌或砂糖，做成蜂斗菜味噌、炸天婦羅或義大利麵的配料，風味絕佳。由於生長期短暫，許多人在採摘和去除苦味後會以冷凍保存。緊接在蜂斗菜花芽之後，還有芹菜、筆頭草、野蒜、鴨兒芹、山蕗、土當歸、虎杖、艾草、蕨菜、山椒和竹筍等山菜。趁著萌芽時節一齊到來，除了直接食用，人們也忙於保存，以確保一整年都能夠盡情享用。

Photo:Kenji Sadakane / text:Yuki Egusa

春分

三月二十五日

自帶美食賞櫻的媽媽聚會

櫻花盛開時節，一群個性十足的母親帶著自製料理齊聚一堂。這群人中有料理家、和菓子師傅、純素甜點師、攝影師、帽子設計師、香料專賣店老闆等等，每個人都有著鮮明的世界觀，交談間充滿趣味，資訊分享絡繹不絕。有時也會一起參加市集，尊重彼此的差異，成為無話不談的珍貴夥伴。京都這座城市，有許多將個人愛好化為職業的婦女。我雖然出身四國，也曾住過東京，但感覺在京都創業的夫妻特別多。這是一個充滿自由與包容的城市，帶給我一種宛如置身法國巴黎的感受，自在地表現自我，在這樣舒適的環境中，不知不覺住了二十五年。所以每當花開盛宴過後，我能夠在京都的溫暖及包容之下，回歸屬於自己的日常，繼續堅定前行。

Photo & text: Eriko Ueda

SPRING

51

365

春分

三月二十六日

從一只鑄鐵吊鍋感受春意降臨

三月的茶會。這一天，茶室布置了一只搖曳的鑄鐵吊鍋，來讓人感受春天的風情。

「日日居」的澤村老師，從人品、氣氛營造、現場布置到點心的選擇，都十分接近我的喜好，所以主動提出請求，希望能在此拜師學習，而我現在每個月都會以輕鬆的心情，參加澤村老師的茶道課程。雖然我以前也斷斷續續地學過茶道，不過這種隨性的方式，其實很難真正掌握茶道的精隨。

但我或許只是想置身於不同於日常的空間，藉由觀賞老師和他人的禮法，嗅聞木炭香氣，以及從茶花、掛軸、各種裝飾物中，來享受季節的樂趣，進而放空自己。這是我每月一次，得以重置心靈的珍貴時光。

Photo & text: Nao Daimon

SPRING

52

365

春分

三月二十七日

使人綻放笑容的甜點

堀川通五条附近有間名為「甜點nona」（菓子屋のな）的店家，我在老闆名主川女士開店前就相識。她常在IG上分享從書中文字構思的和菓子照片，總令我備感期待。她在民宿「草與書」（草と本）開張後不久舉辦的小型市集上，特別製作了預約制的甜點。名主川女士做的和菓子，不僅外觀好看，也時常使用新鮮水果和香草，讓人隨著季節變換，享受素材及色彩帶來的樂趣。每當打開裝有甜點的盒子，我都是滿臉笑容。手寫文字和甜點說明也令人備感愉悅。雖然「nona」的和菓子美味無比，但她先生在烤好的巧巴達中，夾入紅豆餡與奶油的「紅豆奶油巧巴達」同樣絕頂美味。若是想送親友會開心收下的伴手禮，這間店會是不錯的選擇。

Photo & text: Nao Daimon

春分

三月二十八日

自由奔放的猴群

我在工作據點的京都，以及生活據點的長野之間來回奔波。每個月我至少會在京都待上一周，那段時間，我常讓孩子們請假帶去京都玩。孩子們對動物相當感興趣，尤其對「嵐山猴子公園」的猴群更是無比狂熱。

從阪急電鐵嵐山線走路約七分鐘，就會抵達公園入口，再走大約二十～三十分的山路，映入眼簾的是能夠俯瞰京都景致的展望台，以及一群充滿好奇心的可愛猴子。當孩子與這些不同於一般動物園的半野生動物互動時，可以肯定有些什麼流過了他們的身心。

每逢遇上突如其來的悠閒假期，我們家會選擇數度回訪的行程，就是在嵐山周邊漫步，並且融入這片小小的野生王國之中。

Photo & text: Yuki Homma

春分

三月二十九日

二歲的深刻音樂回憶

「羅姆劇場京都」舊名為「京都會館」，後於二〇一六年經整修後重新開幕。它是一座歷史悠久的音樂廳，擁有小型劇場、中型劇場和超過二千席的大劇場。

從孩提時代開始，我便以芭蕾舞者之姿，在這裡參與了多次公演及發表會。而我的母親年幼時，也曾經在此首度登台。我至今珍藏著一張當時健在的祖母，為還是高中生的母親，繫上芭蕾舞裙背扣的照片。二歲時，適逢知名的莫里斯·貝雅洛桑芭蕾舞團訪日，我在這座劇場觀賞了該舞團的明星舞者——豪爾赫·唐恩（Jorge Donn）主演的《Adagietto》。那場演出，如今仍鮮明地烙印在我的記憶之中。或許，強烈的藝術衝擊體驗，真的能永久刻劃在記憶與靈魂的深處。

Photo & text: Takuma Oshima

春分

三月三十日

大原的春日花海

我從住了將近三十年的西陣搬到大原。超乎想像的豐盛季節與多彩植物，讓我每天都很感激能在這裡生活。此處氣溫比市區低了約五度，故平地的花期結束後，我可以繼續欣賞在大原綻放的花海。雖然管理竹林著實麻煩，但有春筍，竹子也能製成田地的支架，甚至連落葉都能當作堆肥。而街上成排古厝的石牆，則種有茶樹或金木犀，茶花與新芽皆可食用，還能遮蔽外部視線。體會這種美好循環的家宅構造後，每天都開心地摸索著全新的鄉村生活。比如我偶然發現「土井志葉漬本舖大原本店」的田地「志季彩之道」，是欣賞櫻花和油菜花的景點；古知谷的阿彌陀寺，四季皆綻放不同的山花野草，絕對值得一遊。今後我也想珍惜這片生生不息、令人自豪的原野景致。

Photo & text: Natsuko Ishikawa

SPRING
56
365

春分

三月三十一日

「結香花群生地」的幻想景致

京都府北部的綾部市，有一處名叫「結香花群生地」（ミツマタ群生地）的地方。之前陶藝家向坂典子女士帶我去過一次之後，就被那裏如夢似幻般的景色深深吸引住了。常被當作和紙原料的結香花，大約會在每年三月下旬時盛開。而這個杉樹林中，鋪滿了一整片白色與黃色的花朵，那令人動容之美，讓我多次將景色繪製成畫作。

然而，由於大雪的影響，結香花的枝條被雪壓斷，大部分的樹木也跟著倒下，所以從二〇二二年起，該地區宣布關閉。我在不知情的情況下前往，才發現先前的美景不復存在。雖然真的很可惜，但人類終究難以抵禦自然的力量。我在心中深深祈禱該地能早日恢復，並將那美景刻劃於心中。

Photo & text: Nao Daimon

春分

四月一日

黃綠色的櫻花「御衣黃」

首次見到黃綠色的櫻花「御衣黃」就是在京都。這是在與庭園設計師烏賀陽百合散步時，她指給我看的。「御衣」意指貴族的和服，其綠色花瓣與平安時代的貴族服裝「萌黃色」相似，而成為命名由來。據說是來自大島櫻的日本原生培育品種。

自從在西陣的雨寶院認識御衣黃之後，我到其他神社也能發現它的身影。直到最近，我才知道「草與書」民宿附近、堀川今出川一帶的白峯神宮中，也有御衣黃。雖然我住在附近多年，甚至時常前往神社參拜，卻不曾發現其存在。我深刻體會到，假如完全不知情，即使美好的事物近在咫尺，也可能被我們忽略。這次從植物身上，學到了關於「知之」的重要性。

Photo & text: Nao Daimon

春分

四月二日

在寶池公園賞花野餐

京都是很適合養育小孩的城市，讓我得以經常帶著孩子四處野餐。櫻花開始綻放時，我們會前往京都地鐵的最北端車站，國際會館站附近的寶池公園賞花。這裡以比叡山為背景，是市內最接近自然森林的公園，甚至像鴛鴦這類瀕臨絕種的鳥類也會飛來此地，並且能欣賞到京都豐富的當季花卉。公園裡的櫻花樹坐落於森林間，不僅可以漫遊賞花，更適合在櫻花樹下鋪張野餐墊，邊吃便當邊欣賞。

公園內還有一個名為「兒童樂園」的區域，裡面有許多能讓孩子盡情玩耍的遊具，非常適合帶小孩來這裡放電。京都寬大的包容力，不僅大人樂居其中，對於有孩子的家庭來說，同樣能感到安心與滿足。

Photo & text: Eriko Ueda

春分　四月三日

都踊之樂

都踊，是代表京都的春季風情畫，由「都踊代代豐榮～」（都をどりは～ヨーイヤサー）的呼喊聲揭開序幕。舞者劃一的藍色和服，令人目不轉睛。舞台表演合計八幕，在描繪春夏秋冬的景色後，再度回到春天。現場匯集約六十位祇園甲部的藝妓與舞妓，呈現出的舞姿十分壯觀。

幾年觀賞下來，你總會有「主推」的年輕舞妓。隨著時光流逝，那位舞妓可能會晉升藝妓，或因結婚而引退。這不是單純的偶像追隨，你也見證了她們的藝舞歷程。從基層起步、學會各種技藝及禮儀，方能在嚴格世界中存活的過程，讓人想為她們加油打氣。而觀賞都踊前的茶席上，將吃完後可帶走的糰子盤蒐集起來，也是一項附加樂趣。四月的京都街道，是如此充實又繁華動人。

Photo & text: Naho Masumoto

SPRING
60
365

春分

四月四日

櫻花季，幸福的鴨川盛宴

鴨川這個地方，不知是多少京都人的休憩地——彈奏樂器的人，活動身體的人，午休的人、趁空喝杯咖啡偷閒的人、想找人聊聊天時、發生討厭的事情心情格外煩悶時、想讓好動過頭的孩子們放電時，京都人都會來到這裡。

櫻花季的鴨川格外特別。美到讓我幾乎認定這裡是世上最迷人的城市，四處充滿了春天的活力。真想從早到晚都待在鴨川，盡情享受春天帶來的恩惠。

其實我家就在鴨川附近，每到四月份，都會盡量將餐點帶到戶外享用。不一定要準備特別的料理或便當，甚至不用裝進正式的便當盒中，只要隨意帶些食物，大夥嘻嘻鬧鬧地一同品嚐，就是春日最幸福的時光了。

Photo & text: Naho Masumoto

SPRING

61

365

清明

四月五日

在富含歷史的森林中深呼吸

從京阪電鐵出町柳站下車，稍微走一段路就會抵達「糺之森」。這片廣闊的原始林，就位於被登錄為世界遺產的下鴨神社境內。從《源氏物語》、《枕草子》到《新古今和歌集》等經典作品中，都有提及這座森林，近年甚至還有繩文時代的陶器出土，匯集了京都豐富的歷史傳說。

每當我要去附近的芭蕾舞教室排練，都會提早一點出門，到森林中進行深呼吸，再前往工作。置身靜謐且和緩的空間之中，巨木巍然聳立，清澈的溪流潺潺流動，沐浴在這神聖空間的清新空氣後，彷彿連細胞也跟著活化，重生成一個嶄新的自己。雖然這裡離車站並不遠，卻是一座格外深邃的森林，推薦給想在夏天涼爽地散步走走的人。

Photo & text: Takuma Oshiba

清明 四月六日

祕密花園，原谷苑的櫻花

原谷苑的櫻花比市中心更晚盛開，是讓人想當成祕密守護的一片天地。從金閣寺更深入西北方之處，在仁和寺後方有個位於山間的原谷。二戰後，由種植北山杉的「村岩農園」，將此區悉心打造成一座花園。在這塊果樹及楓樹都不易扎根的荒地上，只有櫻花茁壯成長，其美名也隨著口耳相傳而廣為人知，進而在變成花季對外開放。園區內從紅枝垂櫻、山櫻、御室櫻等各式櫻花品種，到雪柳、三葉杜鵑、結香花、棣棠花……各種春日花朵輪番盛開，如同一座天堂樂園。你能感受到這片花園是多麼備受呵護，並獲得細心的照料。

人們守護環境、珍惜大自然的心意，孕育了這片美麗的花園。而且在梅花、櫻花、楓紅季節，皆對外開放。

Photo & text: Aki Miyashita

清明 四月七日

將保津川的絕美風景留給未來

世界知名的龜岡保津川遊船，路線自龜岡至嵯峨，總長達十六公里，沿途充滿四季之美與刺激的冒險，據說每年吸引約三十萬觀光客造訪。

近年來，因保津川沿岸的垃圾問題嚴重，船夫主動發起的淨川活動也備受關注。有時在颱風或豪雨過後，會從意外之處漂來垃圾，或在河川支流發現有人遺棄大型垃圾，當我試著追縱淨川活動時，深切感受到龜岡乃至全球的垃圾問題。尤其像塑膠袋這類垃圾，會纏繞在樹木上難以取下，也會對動植物造成不可抹滅的傷害。因而龜岡市於二〇一八年提出了「龜岡零塑膠垃圾宣言」，積極面對問題。期許整個大京都也能以此為契機，探索出有效減輕地球負擔的生活模式。

Photo & text: Natsuko Ishikawa

SPRING
64
365

清明

四月八日

寺廟與神社裡的托兒所

京都的寺廟或神社境內，常見托兒所或幼稚園。對於這些透過遊玩中接觸世界，自然而然深化學習的小朋友來說，能在綠意盎然的環境中親近土地和動植物，具有無以倫比的魅力。

上京托兒所，是京都首間結合公私立優點的公設民營托兒所（但目前已廢止公設民營形式）。宗教色彩淡薄，任何信仰皆能利用。穿袈裟的園長、佛誕花祭，以及在本堂舉行畢業典禮等等，都使孩子對寺廟更有親近感，也會教導感恩和尊重的禮儀。在打赤腳的境內，則有充滿個性的保育士，支持這個能恣意玩泥巴、劍玉、繪畫、節奏遊戲等活動的教育環境。這裡的手作點心也很受歡迎。儘管面臨財政壓力，京都還是因維持優質安定的托育環境而備受關注。

Photo & text: Natsuko Ishikawa

清明　四月九日

親子共享行山樂趣

三面受到山脈環繞的城市——京都，我們一家從北部右京區的衣笠山出發，前往御室八十八所的仁和寺。孩子們專注地在山間行走，遇上如野獸小徑般的上坡路、石階和偶然出現的遼闊景觀，每一刻都充滿了新鮮感。

我以前只爬過大文字山和愛宕山，這次則加強一點冒險感。金閣寺後方有座禪寺「普門軒」，嫁到那裡的克拉拉，以她的經驗為我們帶路，而孩子們重視的不在於走哪條路，而是自己來選擇要走哪一條。即使是那些非直線的小徑，或者隨機穿梭在樹根之間，每一步都如同小型的挑戰。雖然有些刺激，但仍保有「絕對能回到城市」的安全感。在熟悉山路的朋友帶領之下，我跟孩子們靠自己的雙腳，一步步充分享受了登山的樂趣！

Photo & text: Natsuko Ishikawa

清明

四月十日

孩子第一次跑腿，就選點心店吧

距離出町桝形商店街不遠，沿著寺町今出川向北走約七到八分鐘，便能看到隱藏在寧靜住宅區中的老字號甜點「大黑屋」。店內有一款取形自收割稻米的長條形鎌刀狀糯米餅「御鎌餅」。外觀簡樸，優雅甘甜的黑糖紅豆，包著柔軟的餅皮，讓人想把臉貼上一口氣吞下肚！我每次都像嬰兒般的微笑享用。這款點心讓平時不特別喜愛甜食的我，都能開開心心吃下。

店家親切到就算只買一個也可以的程度，所以我選擇這間店作為孩子第一次挑戰跑腿買東西的地點。成功買到之後，還能到附近的賀茂川，體會馬上享用的樂趣。

這就是深受當地居民喜愛的老牌糯米餅。

Photo & text: Naho Masumoto

清明

四月十一日

沉浸在名爲「店」的空間作品中

坐落於山科一帶清水燒園區的「TOKINOHA Ceramic Studio」，是一處陶藝工坊與賣店並存的空間。二〇二一年重新改裝後，轉型為獨特的體驗型店鋪。

由於既有裝潢已經非常出色了，所以我最初不太理解為何有改裝的必要。然而，當我走進新店面，就立刻用「感覺」而非頭腦理解箇中理由了。透過牆面和陳列架上每一件經過精心挑選的物品，建構出這獨一無二的嶄新空間，令人對創作者產生深深的敬意。

這位年輕的陶藝家，出身清水燒的名門家族，卻選擇了一條與傳統不同的道路，建立了廣受歡迎的品牌。這裡不只有陶瓷作品，更是一個能夠欣賞「店鋪」這件藝術空間作品的寶貴場所。

Photo & text: Yuki Homma

SPRING

68

365

清明

四月十二日

賞完下城櫻花，換山上櫻花登場了

與京都市區相比，花背的氣溫低了大約五度，櫻花也總是晚二到三週才盛開，所以往返城市與山間之間，會有將近一個月得以欣賞櫻花綻放。山區最早綻放的野生山櫻花和市區的花期同步，淡粉色的花瓣在仍帶著些許寂靜的山間綻放。花背地區有許多櫻花樹，可以邊駕車邊欣賞沿途接連的美景。

鄰近的京北黑田，有一株據說樹齡高達三百年、花期較晚的百年櫻，由於四月中旬才開花，當地也會舉辦櫻花祭活動，吸引大量遊客前來。從黑田到花背的車程約十分鐘，一路上能看到同時期綻放的鎌倉枝垂櫻，由數株櫻花樹構成的盛景是精采壓軸。另外，我會將帶有些許花蕾的八重櫻做成鹽漬櫻花，之後加入餅乾、麵包之中或點綴料理，作為享受春天的樂趣。

photo: Kenji Sadakane / text:Yuki Egusa

清明

四月十三日

十三參拜——不能回頭的渡月橋

「既然是去求智慧，回程就絕對不能在走過渡月橋時回頭。」這是小時候父母親告誡我的話。十三參拜是在舊曆三月十三日前後，為虛歲十三歲孩子所舉行的祝賀儀式。為了孩子祈求福氣及開運，而前往寺院參拜是最常見的形式。其中京都嵐山虛空藏法輪寺的十三參拜儀式頗負盛名。據說虛空藏菩薩是第十三位誕生的菩薩，主宰智慧與福德。京都的孩子到了這個年紀，會穿上正式和服來此求取智慧。參拜完的歸途上，還有有一個重要傳統，若在渡月橋上回頭，求得的智慧就會全數返還。看著孩子帶著緊張神情，一心一意地走過渡月橋的身影，宛如邁向成年的儀式。想到這是一項為了孩子幸福成人而舉行的祈願儀式，心中不免感慨萬千。

Photo & text: Tomoko Tsuda

清明

四月十四日

早晨新鮮採收的竹筍

京都是竹筍的產地，很容易買到早上鮮採的竹筍。其口感鮮嫩多汁，有著純淨的美味。我會簡單煮成湯或竹筍飯來品嚐。隨著產季到來，竹筍會逐漸長得粗壯、口感扎實，這時就改成水煮或煎炒。小時候每逢產季，餐桌上幾乎天天都有竹筍出現讓我有點厭膩，但成年後卻迷上了竹筍的鮮嫩滋味。

竹筍的新鮮度非常重要。幸好，每年都有親戚會送上一批早上鮮採的竹筍，讓我在收到後能立刻料理。由於格外新鮮，所以無須加入米糠去除苦味，直接水煮即可。清甜的鮮筍，不用任何蘸料就很美味。每當收到竹筍，也是庭院中的山椒木開始萌芽的時期，所以準備晚餐時，我會加一些山椒嫩葉來入菜，煮成整桌竹筍大餐。

Photo & text: Aki Miyashita

清明

四月十五日

假日，試著在植物園迷路

位於北山站和北大路站之間的京都府立植物園，擁有大片草坪廣場、溫室、玫瑰園和櫻花林，是我常去散步的場所。雖然去過很多次，但由於平常都在地圖上如棋盤般規律的地方生活，所以每次走入園區中央附近的植物生態園時，我總會迷失來時的方向，不過我覺得這樣很好。因為每當我走在野草覆蓋、路不見路的小徑時，總會驚喜地發現一些陌生的花草樹木，或聆聽見遠處傳來的鳥鳴，什麼也不想地享受當天遇到的一切。加上這座植物園的面積只有京都御所的一半大，你會如同夢醒般，轉眼間走出森林。充分散步後，夏天我會到蓮花池邊看書，天冷時會坐在長椅上，像貓一樣曬曬太陽，當身心在不知不覺間充飽電時，我會想著「好了，回家吧」，接著收心回歸日常。

Photo & text: Mitsuko Morishita

清明

四月十六日

從蹴上傾斜鐵道至南禪寺

蹴上傾斜鐵道，原是為了將琵琶湖水源導流至京都的疏水工程而建造，如今成為賞櫻和打卡拍照的熱門景點。這條傾斜鐵道曾是令世人驚訝的奇景，甚至被形容為「讓沒有船夫的船爬上山」。乘載船隻的台車，往返於這條高低差達三十六米的斜坡上，在當年是十分創新的運輸方式。雖然目前已廢線，但台車與三十石船經修復，坐落在緩坡上筆直的軌道，仍是令人印象深刻的光景。

沿線約九十株的櫻樹形成了美麗的櫻花隧道，呈現滿滿的浪漫氣氛，讓人得以盡情享受春爛漫，而從鐵道路線穿越「斜拱隧道」就會抵達南禪寺。南禪寺境內有當時相當創新的西洋風建築——水路閣。如今，它已成為完全融入充滿歷史感的風土景觀中了。

Photo & text: Tomoko Tsuda

清明

四月十七日

在男山邂逅與愛迪生有淵源的竹林

一走出京阪電鐵的石清水八幡宮站，男山風景一覽無遺。據說，發明大王愛迪生曾用這座山上的竹子進行研究，成功改良了白熾燈泡。而山頂的岩清水八幡宮境內，便立著愛迪生的紀念碑。

即便是盛夏時節，山間依然涼爽宜人。一邊接受綠林香氣療癒，一邊感受運動量較大的登山氣氛。只要乘坐「男山纜車」，在飽覽壯闊風景的同時一口氣登上山頂。一下纜車站，就能在「男山觀景台」將整片京都風光盡收眼底。不遠處，由非營利組織經營的「八幡竹俱樂部」店內，展售了許多由竹子手工製成的飾品、玩具、日常用品、人偶和笛子等竹工藝品。從白熾燈泡到各式竹子藝術，這座山蘊藏了許多竹製寶物。

Photo & text: Takuma Oshiba

清明

四月十八日

在自然環繞的美容院體驗草本洗髮

綾部市的豐里地區，前往農業大學校和牧場的道路上，彎入一條綠色小徑，會出現一棟宛如修道院小屋的古老民宅——美容院Manowa。然後，一位散發著柔和氛圍的女士，會來迎接每一位到訪的顧客。你能在欣賞窗外草木搖曳之餘，享受她的細心打理。而使用印度香料粉末洗髮的過程，足以令人感到無比幸福。由果實、根部、葉片、土壤，還有指甲花製成的粉末，能搓出綿密泡沫，令髮絲滋潤蓬鬆。十分適合我這種在飲食跟穿著上，盡量選用天然素材的人。清潔後，則用髮油來做最後梳理。後續幾天內，髮絲會留下淡淡香氣，而頭皮也如閃亮重生般呼吸著。這間在自然鄉村才能成立的美容院，能使顧客身心帶著幸福滿溢的安心感踏上歸途。

Photo & text: Eriko Ueda

清明

四月十九日

於京都町家學做藥膳料理

山上公實老師開設的「kitchen MINORI」料理教室，位於擁有中庭和開放式挑高天花板的京都傳統町家中。這裡不僅有乾貨料理課程，也教授味噌和切魚手法。其中極具特色的藥膳料理課，是以中國傳統醫學（中醫）為基礎，除了能學會使用特殊藥材，還能學到如何將蔬菜、水果等一般食材的療效納入料理之中。許多因春天花粉症而困擾的人，也能學會如何按照個人的體質和症狀，來調理美味又繽紛的料理，獲得大大的滿足感！

上完課之後，還可以在附設的店鋪中買到所需食材，或者前往附近的三条會商店街的「Daishin食材品專賣店」、蔬果店或麵包店購物，甚至去「Premarché Gelateria」享用一客美味的義式冰淇淋。

Photo & text: Natsuko Ishikawaa

SPRING

76

365

穀雨

四月二十日

與城市串連的京都國際攝影節

KYOTOGRAPHIE京都國際攝影節自二〇一三年開始舉辦。展出包括日本及國外的當代作品和老照片，如同一場超越時間與空間的旅行。而巡訪攝影展的同時，也能感受城市的歷史和嶄新進化。以這樣的理念為主軸，每年都吸引了更多越愛好者，讓攝影展得以在本地扎根。

這個活動的最大魅力，無疑是展示場地。參觀者可以穿梭在京都各個充滿歷史和文化的寺廟、町家與商店街之間。有些平常不對外開放的空間，對京都居民而言也很新鮮。作品和展覽場地完美結合，空間設計亦令人讚嘆。雖然可以只選擇自己喜歡的會場參觀，但建議選購「環遊護照」來好好巡訪不同的展場。攝影節的舉辦時間，通常落在四月到五月初。

Photo & text: Aki Miyashita

穀雨

四月二十一日

在町家做晨間瑜珈就是愉悅

京都的春天，有時早晚的溫差會大到讓人無法輕易收起暖氣家電。直到四月過半，町家內部才終於等到宜人的空氣感。莫約此時，我收到了一個在此舉辦「晨間瑜珈和早餐會」的提議。我當時還有些擔心，覺得有人願意大清早特地過來嗎？不過，儘管晨間瑜珈的時間訂在早上七點，但兩天之內，預約人數就已經將近額滿了。

早上，我會先澆灌庭院中的植物，感受清新空氣。然後打開窗戶，讓新鮮的空氣流進室內。當瑜珈老師敲響藏式碰鈴，往往使現場氣氛更顯清淨，課程就在老師平靜的語調引導下進行。我站在後方觀察，發現大家似乎都感到很愉快，讓我想要在天氣不錯的日子，再度舉辦這個活動。

Photo & text: Nao Daimon

SPRING
78
365

穀雨

四月二十二日

種植馬鈴薯的幼苗

移居到大原十個月，首度迎接了春天。因降雨而生長的植物，儘管惹人憐愛卻也宣告了除草季到來。搬到鄉下後，割草機成了必備工具。因為與住家鄰接的馬路和產業道路也要照顧，所以要夠熟練才能精準判斷割草時機。而我們這個新手家庭，不論賞櫻、賞螢火蟲或種植馬鈴薯，時機上都晚人家一步，還有一堆事情要學。大原的氣溫比市中心約低五度，早晚特別寒冷。據我尊敬的七十五歲師傅所說，當晨霜不再現蹤，即為種植馬鈴薯的時機，之後就是無止境的除草作業了（苦笑）。對於在大原進行無農藥栽培的朋友——「音吹畑」及「孫七農產」的經營者，他們靈活的姿態和對美好的堅持，以及靠日照、優良土壤和水源產出的強韌蔬果和稻米，我只有深深的感謝。

Photo & text: Natsuko Ishikawa

穀雨

四月二十三日

到舞鶴的農家民宿學釀醬油

當我釀完味噌，初夏陽光乍現之際，我接到一起去釀造醬油的邀請，於是一同前往從事狩獵、販售野味與農產加工品，同時經營農家民宿的舞鶴「寒山拾得」。

釀造醬油的過程中，需要大人跟小孩一起混合鹽和種麴，然後放進大木桶中加水拌勻。製作過程和味噌一樣，倘若種麴上沾有孩子們充滿活力的益菌，這桶醬油無疑將十分美味。大家共同製作的過程，以及手作日用基礎調味料的喜悅，實在難以言喻。

後來，我們還去幫忙種植了古代米（紅米及黑米）。經營狩獵體驗和野味主題餐廳的「寒山拾得」，也展示了他們如何處理捕捉到的野鹿，我跟孩子們都心驚膽跳地從旁觀摩整個過程。

Photo & text: Eriko Ueda

穀雨

四月二十四日

「鄉里電影社」與「種子圖書館」

在沒有電影院的綾部地區，有個名為「鄉里電影社」的組織，每個月都會固定播放有關環境或時事問題的紀錄片。觀賞前，每位參與者會先進行自我介紹，看完後再依序分享心得，有時還會邀請與該片有關的嘉賓。最令我驚訝的是，這裡還有一座「種子圖書館」。可以先借用別人提供的在來種和固定種，之後再歸還自己種植、採集的種子，形成一個美好的循環系統。

我上次造訪時，播放的影片在講施行自然農法的川口由一先生。由於鄉下有許多人採用自然農法，加上正值夏季蔬菜成熟的季節，因此種子的種類繁多，於是我也借了一些，種在我初試自然農法的田地中，並衷心期待收成後返還種子的那一天早日到來。

Photo & text: Eriko Ueda

SPRING

81

365

穀雨

四月二十五日

野薔薇與蜜蜂

家門前的櫻花散落後，輪到庭中的野薔薇開始綻放。或許是上一位屋主所種，也可能是鳥兒排便留下的種子。這種在河岸也能看到的野生薔薇，雖不像栽培品種般華麗，卻也散發出一股柔和香氣。然後這份香氣，吸引了各類型大小不一的蜜蜂齊聚，這時期此起彼落的振翅聲可真是熱鬧。

我還參加了以福知山為活動據點的「週末養蜂會」，並向會長學習如何製作養蜂箱。裝設地點要選在視野良好的地方，後方最好要有牆面或大樹，不得設置在通道附近，而且要隨時留意熊出沒。為什麼在週末養蜂的熱潮中，日本蜜蜂比西洋蜜蜂更容易飼養等等，全是我沒接觸過的知識。期望人類不單只是畏懼語言不通的生物，而是找到和諧共存的方法。

Photo & text: Natsuko Ishikawa

穀雨

四月二十六日

以橘皮爲容器的甘夏橘寒天

隨著夏日將近，就能在各家店面看見將柑橘類水果的果肉挖空，榨取果汁製成的果凍。在炎熱的京都夏季，清爽點心特別受人喜愛。無論是和菓子店的甘夏橘寒天，還是西式甜點店的檸檬或葡萄柚果凍，都是簡單不膩口的點心，任何時候品嘗都能帶來好心情。

我也曾在家試著模仿，以橘皮當作容器做成的甘夏，大受家人好評，說好像店裡賣的一樣。當我想一個人獨享時，就會整顆直接吃，需要多人共享時也很容易直接切塊均分，有種近似切蛋糕或西瓜的樂趣。做法簡單，只要為果汁加些甜味，煮沸後加入寒天粉凝固即可。寒天加少一些，就會形成我最喜歡的口感，絲滑且入口即化。

Photo & text: Mitsuko Morishita

SPRING
83
365

穀雨

四月二十七日

在京北步道上欣賞山花野草

從西陣開車約三十分鐘，多虧移居到京北的建築師夫妻，我最近去那裏玩的次數增加了。雖說是京北，但要深入其境還要多開三十分鐘。在稱作京北玄關口的旁邊，有一個京都自然景觀二百選之一的「滝又瀑布」。這個瀑布屬於京都一周步道的京北路線的一部份，步道近年來維護得相當完整，雖然失去了探險的感覺，但走起來更安心。沿途有許多美麗的山野花草，在新綠時節，還能不時看到艾草、楤木芽、珍珠菜等山菜，若炸成天婦羅會是最棒佳肴。我們各自帶著山野花草圖鑑或可食用的野草指南，邊走邊討論約一小時。走到從二十五米高懸崖落下的瀑布前，便在此野餐，天氣熱時還能戲水。不論大人小孩，都在這片環境中激發對自然的渴望，雀躍地徜徉其中！

Photo & text: Natsuko Ishikawa

穀雨

四月二十八日

山中的紫藤花活兒

紫藤花近來受到動畫影響變得備受矚目。當每天看望的山景，逐漸染上淡淡紫色時，我才驚覺原來那裡有一片盛開的紫藤花。紫藤花盤繞在高大的樹木上，從遠處也能看出它們已然綻放。不過，如今似乎鮮少有人去摘採山上的紫藤花，所以當我一詢問管理者，對方便慷慨允諾。我邊留意著周遭的蜜蜂身影，邊用剪刀剪下了幾串紫藤花。在充滿花香味的空氣中，夾雜著一股近乎嗆鼻的麝香。除了欣賞，紫藤花也因實用性而深受歡迎，其藤條可以編織成籃子、採集花蜜。而紫藤花的毒性，也會在加熱後大幅降低，因此相當適合做成天婦羅來品嚐。美麗的淡紫色，經過烹煮做成涼拌紫藤花，或是當作手工豆腐的配料，都能為料理增添優雅的色彩。

Photo & text: aromateabase

SPRING

85

365

穀雨

四月二十九日

東山步道的能量景點

京都受到東北西三面山脈環繞，因而從市中心便能輕易登山。東山步道屬於京都一周步道之一，路程從伏見稲荷到比叡山縱向約二十四・六公里。但即使不走完整條路線，京都的健行樂趣之一，就在於能隨心選擇較短的路程。

從蹴上車站出發，從三条通稍微走一段路，會遇到上山參道，只要沿著走京都最古老的神社——日向大神宮就會從森林中現身。繼續往山上走約十分鐘，將抵達一座伊勢神宮的遙拜所。從那裡，可以眺望京都的城市街景，並遙望矗立在遠方的平安神宮大鳥居。伊勢神宮所在的直線位置，沿途導向日向大神宮、平安神宮、京都御所，以及大文字山，被認為是神明的道路，所以這裡也被視為一個特殊的能量景點。

Photo & text: Mikiko Toshima

SPRING

86

365

穀雨

四月三十日

和束的茶田絕景

這裡的風景絕美無比！容我向各位介紹這間務必一遊的茶田與茶室。

「如同在國外的葡萄田中品嚐美酒，若能在茶田中享用和束町的茶，或許能讓我們的茶葉品牌更上一層樓。」這句話來自京都料理「木乃婦」的店主高橋拓兒先生，而他也因此在京都茶的產地——和束町設立了移動茶室。和束的茶田景色被譽為景觀資產，茶樹沿著斜坡整齊地生長，抬頭仰望，彷彿能碰觸到天際，呈現出幻想的景致。善用這片絕景的移動茶室，是由知名茶室設計師真田大輔先生協助完成。而茶的風味，最終取決於氣候（天）、地形和土壤（地）與種茶者（人）。這裡結合了愛茶人士的生活及歷史。閒暇時不妨來京都府的和束町深吸一口氣，讓身心煥然一新。

photo: Limited Liability Company Muramura / text: Tomoko Tsuda

穀雨

五月一日

悄然佇立於田園中的奈良時代寺廟

在龜岡的寧靜田園之中，靜謐地坐落著一所寺廟，它是奈良時代遍佈全日本的國分寺之一。這宏偉的寺院曾在明智光秀的軍火下遭到焚燒，如今僅存江戶時代重建的本堂和大門等建築。向我介紹這所寺廟的，是居住在龜岡的東洋文化研究者亞歷克斯・科爾（Alex Kerr）先生。儘管身為美國人，但他卻致力將日本人可能忽視的農村文化和美景，介紹給國內外的人們。也是在他的某次演講中，我才認識到這所寺廟。

「丹波國分寺」寧靜地佇立在田園風景之中，當地居民至今仍細心地進行維護、打掃，足以令人感受到一股自奈良時代延續至今的體貼情懷。此地，似乎總有一縷柔和的風靜靜吹拂而過。

Photo & text: Mikiko Toshima

SPRING
88
365

穀雨
五月二日
八十八夜的新茶與玫瑰

正當新茶進入市面時，也正逢玫瑰盛季。我家每年都會摘取庭院中最先綻放的玫瑰花，然後放入裝有新茶的茶壺中。綠意盎然的茶葉與紅紫色玫瑰花瓣形成了美麗的對比，光是看著就令人感到心情愉悅。

由於新茶與玫瑰花的盛產期重疊，所以味道上也存在著有趣的共通點。綠茶中含有與玫瑰相同的芬芳成分——香葉醇。當綠茶和玫瑰相互結合，這種香氣將會變得更強，使茶味更為醇厚。單泡玫瑰花瓣時，單寧酸的帶來的苦澀味會特別明顯，而這也是綠茶中的主要成分，因而當兩者混合沖泡時，味道會較為協調，並且襯托出甘甜茶香。有機會的話，請務必嘗試玫瑰與綠茶的組合。

Photo & text: aromateabase

SPRING

89

365

穀雨

五月三日

新綠中的繁忙日常

五月的晴朗日子，不少人會騎單車或摩托車翻山越嶺，從市區來到花背。從市區前來的路上，會經過花背峠、芹生峠、百井峠和能見峠等稱作「酷道」的險峻道路，許多人會挑戰越過這些山路。對本地居民來說，這種天氣也特別舒適，可以出門散散步，或在戶外享受烤肉的樂趣，氣氛格外熱鬧。我雖然喜歡從白雪轉為新綠的景色，但也喜歡這種人潮一口氣帶來的熱鬧感，使人產生「春天到了！」的感受。也因為此時草木會迅速生長，四處都能聽見割草機的運轉聲，而且這將是持續到秋天的日常作業。隨著除草作業開始，也要翻土整理冬天閒置的田地，加上播種等工作，會漸漸忙碌起來，巧遇熟人時，問候多半變成：「你種好菠菜了沒？」等與農作物相關的話題。

Photo: Kenji Sadakane / text: Yuki Egusa

穀雨

五月四日

嘗試自製柏餅

當端午節令將近，心中總會湧現「啊，好想吃柏餅」的念頭。位於南座旁「祇園饅頭」家的味噌柏餅，是我來到來京都後，心血來潮就會去買的最愛。

在製菓材料店偶然發現了槲櫟葉時，我心裡盤算著，為什麼不親自做做看呢？這個念頭一湧現便很難善罷甘休。我開始研究各種做法，最後決定用蒸籠來製作。先揉捏麵團下鍋蒸，再揉捏一次包裹餡料後，並覆上槲櫟葉再度蒸煮。打開蒸籠蓋之前，香氣早已充滿整間房，令人等不及要趁熱品嚐。當然，剛出籠的鬆軟柏餅，美味到讓人跳起來。但放涼兩小時後再吃，你會發現葉片香氣完全融入餅皮中，硬度和Q度也變得恰到好處。原來，這兩小時的等待如此重要。

Photo & text: Mitsuko Morishita

夏

五月五日
≪
八月六日

因各地舉辦市集和活動帶來的熱鬧氣氛。
帶著手工精釀啤酒和三明治，前往鴨川河畔野餐。
或到美山、花背、綾部等地方，在山林間充分享受自然風光。
於溪流垂釣、賞螢火蟲，或者登山健行。
在六月的夏越之祓，以品嚐和菓子水無月來穿越除穢的茅之輪。
接著是七月的七夕、
祇園祭、下鴨神社御手洗祭、五山送火儀式。
透涼的玲瓏豆腐、京都竹簾等等，
也處處充滿京都人應對炎夏的生活巧思。

SUMMER

91

365

立夏

五月五日

端午節句的菖蒲

五月五日，端午節句。走在街上，偶然看見炭屋旅館的軒菖蒲，令我為之驚艷。用艾草將菖蒲捆綁起來放在屋簷上，其強烈香氣據說能驅除邪氣，不讓災厄侵入家內，守護玄關大門。但軒菖蒲近來相當少見，頂多只能在老店家看到，所以每次遇見會特別開心。這是一個能淨化過客心靈的美好風俗。

菖蒲浴也一樣，人們會藉此來祈求祛病消災。其實，菖蒲和艾草都有助於恢復疲勞和促進血液循環，很適合拿來泡澡。各地都會在這一天舉辦祭典，如：今宮神社的今宮祭神幸祭、藤森神社的藤森祭。一天結束後，不妨泡個菖蒲浴來放鬆。你可以在花店買到一整束菖蒲，有些公共澡堂也會提供菖蒲浴供人享受。

Photo&text:Aki Miyashita

SUMMER
92
365

立夏

五月六日

京都的香料，山椒果

儘管山椒小魚已徹底成為京都的代表性伴手禮，但它原本只是一道家常菜。將小隻吻仔魚煮熟後，加入山椒果來增添風味。山椒果是五月到六月之間，從山椒木上長出的綠色小果實。山椒木是一種不易生根的樹種。我以前曾養在盆栽，卻不慎養到枯萎，但後來或許有鳥兒帶來了種子，不知何時在我家的庭院中漸漸成長茁壯，讓採收山椒果成了當季樂趣。山椒木隸屬於柑橘科，採摘時會散發出清新的香氣。

充分煮熟後，先浸泡冷水再瀝乾，接著冷凍保存，處理起來很簡單，喜歡山椒香氣的人，可以趁機準備好一整年的份量。除了做成山椒小魚，其香味跟魚類、肉類都很搭，能用來為料理提味，是很方便的日用香料。

Photo&text:Aki Miyashita

SUMMER

93

365

立夏

五月七日

「等待」是一門藝術

我十分珍惜作陶時的品茶時間。一天一次，我會跟工作室的員工一起品茶。這個活動不僅帶有休憩意義，在作陶過程中，我總會把「等待本身即是藝術」放在心上。陶藝中有成型或磨削等手法和時機，不能因為過度投入而一味向前推進。當感覺「進度太快」時，我會刻意停下手邊的動作，泡茶休息。精準判斷加工的最佳時機，這是創造藝術之美的重要技巧。換句話說，等待就是一門藝術。我總是在創作過程中，如此提醒自己。

泡茶這項行為本身，擔當了工作上很重要的角色，讓我得到先退一步、從旁觀察自身作品的「等待」時間。今天選擇了和束町產的煎茶，搭配料亭「和久傳」的的蓮藕菓子「西湖」。

Photo:Limited Liability Company Muramura / text:Tomoko Tsuda

SUMMER
94
365

立夏　五月八日

新的夏日風情畫~花竿節

花竿節是在舊曆四月八日舉辦的花之祭典，祈求袪病消災、作物豐收。人們會在長型竹竿的頂端裝飾上五彩繽紛的野生花朵。這個活動在花背地區一度中斷，但數年前開始以稻桿藝術家為中心，致力於恢復這個活動。

他們將時間設定在五月八日左右，一個大家都方便聚集的日子，早上先由當地、城裡的志願者，以及孩子們一同敲打稻桿，然後捻成長條繩索。這些繩索會用於將野生花朵綁在竹竿前端等步驟。花竿節祭祀的供品主要是草餅，其中糯米和艾草皆由稻桿藝術家親自種植和採收。雖然每年只憑藉當地產品來持續舉辦這個活動，多少有些困難，但那高掛在空中的花朵，真的十分壯觀，如果各地都能看到這番景致，或許會成為一幅迷人的風情畫。

photo:Kenji Sadakane / text:Yuki Egusa

SUMMER

95

365

立夏

五月九日

祭典上的鯖魚壽司

說到祭典上的佳餚，非鯖魚壽司莫屬。距海遙遠的京都，很難取得鮮魚。從前連用鹽醃漬的鯖魚，都得從福井的若狹經由鯖街道運送進京。長達二、三天的步行運送過程中，魚肉的鹹度將變得恰到好處。在京阪電鐵出町柳站附近，賀茂川上的出町橋旁，就立著一座標有鯖街道起點的石碑。

用醋醃漬過，再以昆布包裹的鯖魚壽司，因鮮味大幅提升而更加美味，這是一道透過巧手和時間做成的美饌。從前在葵祭、祇園祭或氏神祭時，往往是全家一起做來享用。有趣的是，現在不僅是京壽司賣店，從知名料亭到平價居酒屋、食堂，都有店家把鯖魚壽司當作招牌菜。這或許表示鯖魚壽司真的深受京都人喜愛。無論是想稍微奢侈一下，或隨意拿來吃，一切隨當日心情而定。

Photo&text:Aki Miyashita

立夏

五月十日

御所的初夏

櫻花季固然引人入勝，但五月之後，枝頭上的新葉與日俱增，林木面貌逐漸改變，漫步在初夏的街頭，是我最期待的樂趣之一。

從某間位於丸太町通的教室北側窗口，能觀賞到這個時期最棒的景致，淡綠的新芽與成熟的青翠綠葉相互輝映，令許多來上課的學生們駐足欣賞。再從教室附近的堺町御門走進御所，正值青綠楓葉的賞期。踩著碎石小徑深入泥土步道，每一步都伴隨著植物的清香。只要散步三十分鐘，便能恢復精神。有時是一片紫羅蘭，有時是遍地蒲公英，即使年年來報到，也看不到相同的景色，這亦是御所的一大特色。當你明明置身繁忙的市中心，卻遇見稀有鳥類時，不免會萌生好事即將出現的預感而開心不已。

Photo&text:Mitsuko Morishita

立夏

五月十一日

滿滿樂趣的茶道修習

五月的茶道修習。這一天床之間裝飾了寫上「薰風來」字樣的掛軸，表示迎接初夏的風已經吹來，這是茶室五月時常見的禪語。

床之間左邊的脇床上，為了迎接五節句中的端午節句，裝飾著日本傳統頭盔，以及在下鴨神社流鏑馬祭神儀式中獲得的標靶碎片，據老師說，那是令和元年的產物。真令人驚訝，我還不知道可以領取流鏑馬的標靶碎片。雖然長期住在京都，也未免有太多我不知道的事了。每次在茶道修習上聽到這些故事，總是充滿了新的驚奇和發現。

那天搭配的和菓子來自「青洋」，是一款結合了優格與柚子風味的點心。觀察老師精心挑選的和菓子，也成為我每次修習茶道的樂趣之一。

Photo&text:Nao Daimon

SUMMER

98

365

立夏

五月十二日

做好一年份的茶葉

我家附近有不少茶樹，當淺綠色的新芽冒出，我就會去採摘「一心二葉」來製作新茶。這個地區會先蒸菁再揉捻，然後曬乾來製茶。從前住在這裡的居民提到，雖然以熱鍋翻炒揉捻後的茶葉（炒菁）口感較好，但作業實在太麻煩，所以近來似乎越來越少人自行製茶了。

除了茶樹，這裡還有許多野生的五葉木通，所以我也會拿來做成木通茶葉。要趁木通的新芽長到大約五十公分時採收，仔細蒸煮後再曬乾。木通需要比新茶更早採摘，所以不能錯過最佳時機。另外，魚腥草花快要盛開時，要連根拔起，完全曬乾才能製成魚腥草茶。這個時節的植物，生長速度極為旺盛，所以我每天都相當忙碌，埋頭製作一整年份的茶葉。

photo:Kenji Sadakane / text:Yuki Egusa

立夏

五月十三日

京都之酒「祝」

日本酒有八〇%是水，所以要用優質水源來造酒。京都自古便以水質優良而聞名，甚至出現「灘之男酒，伏見之女酒」的稱號。相較於兵庫，京都更偏向軟水，水質格外柔和。

此外，製作日本酒也少不了米。過去，京都許多酒廠會用當地一款名為「祝」的米來釀酒，但因其稻作容易倒伏不容易栽種，最終於一九七三年停止生產。然而，隨著「想用京都的米和水來製作京都獨有酒品」這個時勢所趨，到了一九九二年，「祝」再度開始生產。用京都纖細的水質，以及有深度韻味的酒米「祝」釀製的京都品牌日本酒，不僅在日本受到讚賞，去年在巴黎的試飲會上，也獲得許多法國專家高度評價。

Photo&text:Teruki Ishibashi

立夏

五月十四日

手工製作蛇莓酊劑

在綾部的鄉村地區，每逢這個草木生長勢不可擋的季節，有時會在草叢間遭遇蝮蛇或其他蛇類。據說被蛇咬傷後，最有效的治療方法就是使用這種莓果製成的酊劑。所以它也被暱稱為「蛇莓」。這種莓果正好也會生長於蛇類活躍的時期，大自然的生態系統可真是巧奪天工。

每回在庭院或農田看到蛇莓，我都會努力採收，然後浸泡在玄米燒酎中。蛇莓和燒酎的比例約為三比七。放置陰涼處莫約一個月，液體會轉變成茶色的酊劑。經過濾可以保存並使用一年左右。在鄉村生活，無論是日常護理或家庭藥箱，都能用身邊的材料自給自足。另外，據說蝮蛇或蜈蚣總會成雙出現，所以如果你看到一隻，附近可能還會有另一隻。還請小心留意。

Photo&text:Eriko Ueda

立夏

五月十五日

色彩鮮豔奪目的葵祭

葵祭、祇園祭和時代祭並列為「京都三大祭」。每年的五月十五日，上賀茂神社與下鴨神社都會舉辦葵祭。祭典的女主角被稱為「齋王代」。齋王是指從皇室中選出，為賀茂神社效力的內親王，到了現代則從一般未婚女性之中選出，故而稱作「齋王代」。遊行隊伍往往超過五百人，長度可達一公里。

記得我看到隊伍中，那三十四以穩重姿態行走的馬兒時，覺得很感動。葵祭最吸引人的是各種「色彩」：鶯綠、粉紅、紫色……傳統服裝上耀眼奪目的色彩，宛如繪卷般優雅。平安時代的服裝及傳統工藝品的色彩，仍活靈活現地傳承至今這點實在太棒了。個人認為，葵祭是京都三大祭中規格最高的，我總會在祭典當天前往，靜靜地觀賞。

Photo&text:Tomoko Tsuda

立夏 五月十六日

在花背的蕎麥麵店放輕鬆

花背峠位於比祀奉水神的貴船神社更往北之處。澄澈的空氣與水，加上冬日氣溫均在冰點以下，形同與世隔絕的嚴峻山村。然而，若在春臨時前往花背，能看到令人雀躍、充滿生命力的群山自然景觀。位於出入口的「洛北花背屋」，其招牌菜「花背蕎麥麵」加入了千年名水和飽含山間芬芳的山椒。店內擺設了不少精緻掛鐘，器皿和家飾品也很精采。由於只在週末和假日營業，冬季停業，請留意造訪時間。商品售罄時也可能提早關店，擔心的話不妨先去電確認。若挑平日前往，也推薦夏天會提供香魚、春天則是鱒魚和美味山菜料理的「花背之里／茶店Hashimoto」。獨具魅力的店家也在不斷增加中，如：民宿「Hanase Highland Inn」和自然食材品店「Honey Ant」！

Photo&text:Natsuko Ishikawa

立夏

五月十七日

到鄰居家採櫻桃

我在綾部地區的住家周圍，有許多會結實的果樹。從春天到初夏，有梅子、桑葚、胡頹子、枇杷，到了秋天還有梨子、栗子和柿子……這些傳統的果樹，隨著季節變換，陸續結出豐碩果實。

住家附近有一對夫妻，總是教我們不同季節及手工的樂趣。他們家的庭院，有一棵我們家沒有的櫻桃樹。當櫻花散落後約一個月，我們受邀去採櫻桃。聽說，櫻桃樹要將不同品種種在一起才會結果。而且還會暫時掛上防護網，以免櫻桃被雨水打落或被鳥兒吃掉。待櫻桃終於成熟，轉為柔和的紅色時，我們全家受邀一起參與了收穫過程。這些天然熟成的櫻桃酸中帶甜，十分美味。我們邊品嚐，邊採滿了整籃，度過了一個幸福的春日午後。

Photo&text:Eriko Ueda

立夏

五月十八日

愉快地體驗務農生活

「從購買到親手耕作。」從京都市中心駕車二十分鐘，就能抵達四周被山脈環繞、保有美麗風貌的農村大原。二〇二二年，這裡誕生了一家共享農場「OHARA FARMY」，讓人們能夠輕鬆體驗農務生活。這裡不僅有完善的工具和設備，也提供固定種或在來種的種子及苗木，以及相關的栽培建議，並於農場附設的俱樂部舉辦各式講座和工作坊。此外，還提供租借可現場料理鮮摘蔬果的烤肉設備，以享受現烤蔬菜的樂趣。最棒的是「FARMY KITCHEN」內甚至有一座正規柴燒窯。這裡提倡「從播種、發芽到餐桌」的全程體驗，藉由自然奇蹟帶來的純粹感動，並感受親手耕種的喜悅。來到悠然自在的大原，讓你在此享受每一刻美好時光。

Photo&text:Natsuko Ishikawa

SUMMER

105

365

立夏

五月十九日

充滿艾草能量的草木染

在自然景觀豐富的靜原町，有一家純素咖啡館「Millet」，這是我第三次選在夏至時節到此舉辦展覽。展覽名為「光的線、圈、束」，反映了植物由光生成的觀念，並於現場展示草木染圍巾，以及用草或繩編織的物品及手工染製衣物。

辦展第三年，我這次使用從綾部家中採摘的新鮮艾草來進行染色。艾草不僅可用於止血和治療蚊蟲叮咬，泡成茶飲還具備暖身功效。使用木柴燃燒煮沸後，以明礬當作媒染劑所染製出的布料，呈現出像檸檬般鮮亮的黃色，而使用鐵作為媒染劑，則會染出柔和的卡其色。剩下的艾草水還可用於足浴或加入泡澡水中，有溫暖身體、預防風寒的功效。草木染的衣服似乎不僅帶有美麗的自然色彩，更蘊含了來自植物的能量。

Photo&text:Eriko Ueda

立夏

五月二十日

自然農法的田園景致

有很多移居者的綾部志賀鄉，有一間農家民宿「BOKKATTE」。他們採用自然農法栽種的米、蔬菜及穀物，還有以蔬菜為中心來料理的美味餐點和樸實的點心。我來此學習夏天蔬菜的自然農法，而這一天正好要以竹子來做人字形支架。負責教授的「BOKKATTE」老闆川口由一先生，同時也是赤目自然農塾的工作人員。作法是特意將長到直徑約一公分粗笹竹鋸下，每隔三十公分設立一個綁成人字型支架。另一天，我也協助進行純手工種植的免耕農法，最後再引水灌溉。在自然農法的稻田中，草和昆蟲分解形成的土壤層，吸水效率如海綿般強力。這種不需耕作、不將草與昆蟲視作敵人，閒適恬淡的田園景色，宛若一個生命循環清晰可見的烏托邦。

Photo&text:Eriko Ueda

SUMMER

107

365

小滿

五月二十一日

如夢似幻的花染

提到色彩夢幻的草木染，那絕非花染莫屬。名為「顏色與節奏」（irotorizumu）的草木染老師，專門教人用植物來進行包染的技法。

從原野中摘取花草開始。多種美麗花朵的色彩都被保留下來，甚至連葉脈都清晰可見，所以我會邊摘邊想像，如何在布料上描繪出如庭院般的效果。摘取到的植物、手邊的自然染粉、乾燥的植物或果實等……都可以隨意組合排列，將色彩重疊二層或三層，呈現水彩畫般的效果。然後將材料與布料捲起、用繩子綁緊，接著加熱蒸煮。完成後將布料展開時，感覺如同完成了一幅畫。在初夏的某日，我也帶著孩子們一起享受草木染的樂趣。大家一起染製的布料上，花草就宛如光芒本身一樣綻放著。

Photo&text:Eriko Ueda

SUMMER
108
365

小満
五月二十二日

京都的精品小店

一九九〇年代，正當百萬遍手作市集開始受到矚目時，遷居到京都的我，對這個十足包容手工創作者的城市深懷感激。或許因為這是一個由手工藝者世代傳承城市吧。如據傳需要四十八道工程的友禪染、京都獨有的庭園和建築之美……。很容易展開小生意的深刻包容性，似乎讓京都近年增加了不少小而美且有所堅持的精品店。如重視平日生活、擅用舒適素材為顧客製作合身衣物的「anakioa」、「日服安居」、「En」和「pop.pop.pop」，都深受環之市集的常客歡迎。而且最棒的是，即便是知名度高如精品店的工房，你也能在這些位於街頭的工房見到創作者本人，如：重視親手製作每一樣商品、位於舞鶴的「HALLELUJAH」，或者專研民族風與修補藝術的「MITTAN」等。

Photo&text:Natsuko Ishikawa

SUMMER
109
365

小滿

五月二十三日

令人雀躍的大山崎美術館

從阪急電鐵大山崎站或JR山崎站步行約十分鐘，經過天王山半山腰的陡峭坡道後，你會見到「大山崎山莊美術館」的美麗建築與庭園。館內的建築之美和企劃展覽自不在話下，但以河井寬次郎、濱田庄司、伯納德·里奇（Bernard Leach）和露西·瑞爾（Dame Rie）等民藝為主的常設展作品，對大學主修陶藝的我來說，這是一間任何時候造訪，都會感到雀躍的特別美術館。二樓的茶室也是一大亮點，你能從陽台的座位遠眺木津川、宇治川和桂川匯流進淀川的景致，欣賞每個季節的自然風貌。館方每次針對不同企劃展準備的蛋糕，也令人格外期待。從京都市中心前來的距離感和沉穩氣氛，足以讓你度過一段完全不同於喧鬧市區的飽滿時光。這裡也是值得推薦的約會地點。

Photo&text:Naho Masumoto

小満
五月二十四日
鴨川邊，享用精釀啤酒與三明治

五月是個不冷也不熱，濕氣偏低，昆蟲也較少，令人舒適無比的寶貴季節。一旦梅雨季到來，就不方便外出玩樂。然而，等梅雨季一過，京都的夏天又熱到讓人不太想出門。所以在那之前，我會竭盡所能地塞滿出遊行程。前往鴨川河畔，一邊喝著手工精釀啤酒，一邊品嘗附近商店街肉舖販售的現炸肉餅，以及在最愛麵包店購買的三明治。聆聽著河水流動聲，欣賞河畔綿延的綠意，遠眺對岸的比叡山，感覺十分愜意。

精釀啤酒是朋友到上京區千本上立売站附近，啤酒種類豐富的「山岡酒店」買的。聽說朋友直接詢問店主：「您覺得Daimon會喜歡哪一款啤酒？」得知有間店家居然能充分掌握我的喜好，莫名感到很開心。

Photo&text:Nao Daimon

小滿　五月二十五日

自然療法與登山趣

「二條小島整復所」（二条こじま施術院）的小島師傅，直接師承自然療法大師東城百合子。小島師傅會對來就診的眾多患者宣導，如何透過自然恩惠（不需要花錢），來提高人體本身的自癒能力，並分享建立不易生病體質的方法及思維模式。我本身就對蒟蒻濕布的療效十分驚訝。

到了新綠季節，為了體驗野草的能量，我從鴨川前往大文字山，實地遊覽松葉和野草生長的區域。「摘採植物時要帶著為它們修剪的心情，並考慮到自然的和諧，不要過度濫採」這句話，就在快要遺忘時浮現腦海中。一旦登上五山送火儀式中的火床，便能一覽京都市井風光，這條通往山頂的散步路線，大概只需要一小時，是很受初階登山者歡迎的練習景點。

Photo&text:Natsuko Ishikawa

SUMMER
112
365

小満

五月二十六日

留宿鄉村吃蔬食外燴

除了京都典型的市街漫遊、寺廟佛院遊覽，以及咖啡廳巡禮，還有一個令居住者永不厭倦的魅力，就是從古都玄關口——京都車站出發，只要短短一小時車程，即可到達美麗的山間鄉里。

駕車走在崎嶇的山路上，你將看見與壯麗自然共生的鄉里生活，還有以峰定寺為起點、吸引多人造訪，從平安京時代起已有千年歷的花背地區。幾年前，這裡開了一家優質民宿，讓我多次前往住宿。它有朝向山側的開放式外廊、檜木製浴槽，以及來自清澈河流的水源。在如此祥和寧靜的地點，居然還能訂購美味的蔬食外燴。你可以享有一段不做任何事情的閒適時光。獨棟民宿「HANA-Re」一天只接待一組客人。請務必來住一次看看。

Photo&text:Natsuko Ishikawa

小滿

五月二十七日

轉變為桃色的「杉染」

京都北邊的中川附近，是林業發展特別蓬勃的地區，你能那一帶山上看到整排杉樹。我原以為杉木只是一種建築材料，但朋友某天說，若將杉葉拿來染色，會染出色調柔和的粉嫩桃色。過去只知道杉樹的樹幹可以當作木材，樹葉能當作柴火或露營用火種。後來有幾位朋友邀請我帶著布料和線，進入針葉樹林，趁著樹葉新綠，摘了一整籃杉葉。

據說最佳的染色方法，是使用大鍋並以柴火煮沸。過程中，感覺像是得到了火的能量。經過兩次煮沸和浸泡，布料在某個瞬間轉變成美麗的粉桃色。這是植物帶來的驚喜。作為餘興節目，我們最後試著用杉葉來泡茶，茶湯飄散出清新翠綠的香氣，彷彿能品嘗到一股春天氣息。

Photo&text:Eriko Ueda

小満

五月二十八日

京都的期間限定選品店

由於京都市中心的範圍相當小，所以趁著氣候宜人時，騎著自行車走訪各地是一大樂事。其中，那些會用心定期舉辦精彩策劃展和活動的藝廊，簡直有如期間限定選品店，而且類型囊括了衣、食、住的方方面面。這與代代光顧同一家百貨公司的京都文化傳統相呼應，正因為城市小，才更加珍惜人與人之間的緣分與相遇，建立起尊重「每個人、每家店的自製商品或選品」的信賴關係及風土民情。

例如，下鴨神社附近的「Mayurau」、中京區的「堺町畫廊」，以及平野神社附近的「ikke京都」，這些由滿懷意志與熱情的店主所經營的藝廊，不僅提供形式多樣化的現場演出、談話活動及餐會，也總是能為顧客帶來新鮮的邂逅與刺激。

Photo & text: Natsuko Ishikawa

SUMMER
115
365

小満 五月二十九日

在植物園吃小黃瓜三明治

每當前往植物園，都覺得這裡是一個很棒的地方，因為那些隨著季節轉換而綻放的花朵和植物，能讓你以豐富飽滿的心情度過一整天。跟孩子們外出時，我不太喜歡到購物中心或遊樂園那種地方。我認為「如何不花錢也能玩得盡興」本身，算是某種意義上的創意（以植物園來說，如果出示「京都育兒支援護照」，一位監護人可免費入場）。

學生時期，每當我遇上創作瓶頸時，經常會來這裡寫生，後來因為照顧孩子感到疲憊時，也會來這裡散散步。我尤其喜歡五到六月的玫瑰季。在新綠季節，帶著只有小黃瓜的綠色三明治（我的最愛！）到草坪上野餐，四處跑跑跳跳，或乾脆躺在草地上什麼也不做。我愛極這樣的悠閒時光。

Photo & text: Naho Masumoto

小滿

五月三十日

山椒果漢堡排

特別喜歡我的料理家好友——小平泰子寫的簡易料理食譜。她的食譜只用少少幾樣基本食材這點很棒。小平出版的料理書中，有一本深得我心，書中有一道山椒果漢堡排，作法簡單卻有驚人美味，以至於每逢山椒結果的季節到來，我會再三下廚做這道菜。

雖然我以前就覺得京都人很喜歡山椒果，但不知不覺間，我也會買下新鮮山椒果帶回家冷凍保存。在習慣用山椒果入菜後，我會參考小平版的山椒果漢堡排食譜，將牛絞肉、酒、鹽和山椒果均勻混和後，捏成一口大小、下鍋煎熟，然後搭配第戎芥末或美味的鹽來入口。有時候咬到山椒果，其獨特風味與輕微刺激性，佐以牛肉的鮮美，成了我最愛的簡易料理。

Photo & text: Nao Daimon

小満

五月三十一日

傍晚時分，沿著河畔納涼賞螢

即使在市中心，也有不少螢火蟲的棲息地。當天氣開始變熱時的樂趣之一，就是與朋友相約邊吃晚餐、邊等天黑，然後莫約八點過後到河岸邊漫步。每年賞螢火蟲的時機都不太一樣，往往是透過朋友們的分享，或是坊間口耳相傳。儘管要仰賴「風聲」才能賞螢這點很神奇，卻也成為我們每年此時的一項樂事了。

面對一片漆黑的河流，眾人安靜得不可思議，即使彼此是陌生人，大家屏氣凝神注視螢火蟲的模樣，營造出一段莫名溫暖又幸福的時光。今晚，我選擇在白川沿岸、東山站旁的橋上觀賞。從這裡沿著河流散步，走著走著就會抵達四条一帶，也成為我喜愛的夜間散步路線之一。

Photo & text: Mitsuko Morishita

SUMMER
118
365

小滿

六月一日

於川床享食奢華香魚

突然興起吃香魚三吃蓋飯的念頭，於是和朋友們一同前往貴船的料理旅館「兵衛」，於其川床（能從低處欣賞河景的座席）上用餐。此處鄰近貴船神社的奧宮，位於貴船川深處，所以人潮不算太多，能感受來自上游的清新空氣和水流。川床上的空間寬敞，令人神清氣爽。

「兵衛」還有個空間設計出色的咖啡廳，提供充滿講究的美味飲品和甜點。從五月到九月之間，旅館會在河上搭建榻榻米坐席，讓客人享用川床料理。淡藍色的笹竹香氣，與盛放在竹筒上的笹燒香魚，令所有人品嚐後不禁出聲讚嘆。若是點了各式菜餚陸續上桌的會席料理，最後還會出現盛在紅色飯碗上的糖漬琥珀色香魚。偶爾奢侈一下，成了夏天的樂趣之一。

Photo & text: Nao Daimon

SUMMER
119
365

小満 六月二日

尋找成熟的哈密瓜

那些通常放在禮品區、包裝精緻的哈密瓜，有時會突然出現在一般的水果區，雖然比起切片食用，我或許更期待在特價品區發現打對折的哈密瓜。而這種特假品，可能會因為過熟不太適合直接吃，但做成果汁則恰到好處。

哈密瓜籽周圍的果汁特別甜美可口，所以我會用濾網小心地過濾，然後將果肉和果汁一同用調理機打成滑順的口感。只要加入氣泡水或碳酸飲料，再放上冰淇淋，就成了新鮮鮮的哈密瓜冰淇淋蘇打；調和琴酒、放入冰塊，就成了哈密瓜馬丁尼。喝下第一口，每個人都會因美味而綻放笑容。用桃子代替哈密瓜來做也會令人欲罷不能。這些都是在炎熱時節的京都，可以瞬間冷卻炙熱身體的夏季甜品。

Photo & text: Mitsuko Morishita

小満 六月三日

觀賞寺廟神社的屋簷

京都擁有許多美麗的神社、寺廟及佛院。雖然我不特別熱愛建築，卻很喜歡尋訪這些地方，觀賞屋簷結構。多數的寺廟和佛院會採用瓦製屋頂，鱗次櫛比的瓦片無比壯觀。而古老的神社則多用稻桿、檜木、木片等材料建造，十分有趣。屋頂由上而下的優美曲線就不用說了，由下方仰望，簷口的細緻結構及裝飾也令人讚嘆。屋簷的裝法和造型十分多元，不同的角度能帶來不同的感受，每次造訪都能有新發現。這也是國寶和重要文化資產林立的京都特有風情。

在新綠盎然的季節，我隨手拍下在一片藍天和翠綠映襯下的南禪寺屋簷。春天有梅花和櫻花，秋天有楓紅，冬天有雪景，隨著四季變換，探訪各地不同的屋簷景致，也是一種很狂熱的京都遊法。

Photo & text: Chiho Iwakoshi

小満

六月四日

吉田山大茶會，凝心品茶

每逢新茶季節到來，吉田神社境內就會舉辦吉田山大茶會。參與的店家包括茶專賣店及茶農等等，從日本茶、岩茶、台灣茶、紅茶到韓國傳統茶，你能在這裡看到各種來自世界各地的茶種。品茶愛好者聚集一堂，在綠蔭下陶醉於茶香之中。每種茶因品種、產地、生產者不同，故味道也各有其趣。仔細比較過風味之後，能切實地感受到箇中差異，讓人雀躍不已。這個活動有機會與生產者當面交流，令人更期待在回家後細細品茶。

此外，還有一些設有茶席的攤位，以精美陳設和溫馨款待深深吸引來客。與同席茶客們共享片刻的品茶時光，心緒也跟著放鬆下來了。茶，具有緩和內心、連結人與人關係的力量。實際體會到茶的魅力，讓我更熱衷於飲茶了。

Photo & text: Aki Miyashita

小満

六月五日

大人小孩在禪寺共度美好的一天

隨著世代更替，越來越多年輕人成為住持，使現代的寺廟更有親和力及開放感。在那裏認識後變熟的人都非常有趣，有從事設計工作的人，鋼琴家、樂團的樂手，甚至影視製作人……，各具特色。這樣的緣分，成為我們如今在臨濟宗建長寺派大雄山選佛寺，舉辦每年一次名為「選佛寺，嗯。」的活動。

在禪寺境內，舉行集結各式美麗物品及美味食物的市集，大家可以坐在榻榻米上伸展雙腿，聆聽現場音樂，或是分享彼此的想法，相互學習，加深人與人之間的緣分。

這是一個非常寶貴的機會，開放民眾接觸平日不對外公開的寺院，深耕地方。對這類活動感興趣的人，不妨前來打開這道通往新世界的大門。

Photo & text: Natsuko Ishikawa

SUMMER

123

365

芒種

六月六日

讓繽紛繡球花，一掃梅雨的陰鬱

經雨水打濕的繡球花，以其脫俗的美，稍稍緩和了梅雨的憂鬱。繡球花不僅存在於京都的神社寺廟，就連街頭巷尾也隨處可見。像是知名的商辦區御池通，堪稱繡球花街。從鴨川西端一直到堀川通附近，可以看到許多洋繡球與額繡球，成為療癒行人的景色。此外，宇治的三室戶寺、大原三千院和智積院等地，都是知名的繡球花景點，色彩繽紛的花朵，帶來煥然一新的景致。

另外，我家習慣在六月逢「六」的日子，將繡球花掛在廁所，據說這樣能保護下半身的健康，這是一位像萬事通鄰居阿姨說的。我們家會用和紙包裹繡球花，然後用紙繩掛起來。大約到了二十六日左右，繡球花會逐漸凋謝，但能完成整個過程，令人感到心安。

Photo & text: Aki Miyashita

SUMMER
124
365

芒種

六月七日

適合梅雨季的甜點

在悶熱潮濕的梅雨季，總想吃些清爽的甜食，因而研發出這一款寒天點心，之後在某個機緣下正式瓶裝販售。

「青梅水羊羹」這款寒天甜點，是以白豆沙餡的水羊羹為基底，再淋上滋味酸甜、口感滑嫩的青梅甘露煮（糖煮青梅）。上面的寒天味道清新且酸味十足，適合與下方的甜味混合享用。

當六月初的青梅採收期來臨時，也該準備製作這款季節限定甜點了。我每年收到農家送來的梅子後，都會從甘露煮開始做起。雖然製程繁雜且數量有限，但除了來教室上課時能買到，也在市區的「木與根」咖啡館販售。據說梅子中的檸檬酸，有消除疲勞的效果，很適合用於預防中暑。

Photo & text: Mitsuko Morishita

芒種

六月八日

小小的循環，環市與VEJISARA市

如果社會上的人們能面對面交換彼此最擅長的事物，該有多好？這個想法，讓我在二〇一四年創辦了環市。以「對地球、身心都友善的生活」為題，每三個月一次，在西陣的石川奈都子攝影事務所與徒步八分鐘路程的VEJISARA舍同時舉辦VEJISARA市。原本是由一群養育零到一歲幼兒的專家主婦們，輕鬆開始的市集。但不少極為講究的媽媽，在此得到充滿樂趣又安全的愉悅購物體驗之下，設攤的媽媽們也很關心並持續思考如何讓來客買得開心。如今，這裡聚集了不少有緣且多樣化的攤商參與，有日本茶、天然鮭魚、米粉、無麩質點心、季節便當、日常用品、藏醫療法，以及服裝等日常必需品，廣受眾人喜愛。期待未來能到各地舉辦更多同樣的活動。

Photo & text: Natsuko Ishikawa

SUMMER

126

365

芒種

六月九日

自由自在的動物牧場

我未曾見過這樣一個放養動物、任其自由走動，與參觀者互動的地方。山羊在寬廣草坪上自由坐著吃草，羊群廣場外還設置了一個「請隨意打開柵欄入內參觀」的標語，兔子屋也能自由進出。旁邊有馬奔跑的場所，還有如同《小天使海蒂》裡的超長鞦韆、樹蔭下的吊床、森林散步步道，一切都是那麼的舒適宜人。

由於不收入場費，有許多家庭會來這裡賞花，或在樹下吃便當，也提供可以自由使用的羽毛球網和球拍。附近還有一家供應以生乳製作冰淇淋，以及餐點的餐廳，甚至還有可以借閱書籍的書架，也擺放著修剪下來的金合歡讓人帶回家。這就是位於綾部車站附近，能讓人身心徹底放鬆的「綾部自然牧場」。

Photo & text: Eriko Ueda

SUMMER

127

365

芒種

六月十日

平安跳蚤市集

除了京都的弘法大師法會、北野天滿宮天神市集等傳統的二手市集之外，各地也開始舉辦如下鴨神社的手工市集、春日遊樂等各式大小不同的市集。

平安神宮前的岡崎公園，每個月都會在十號左右舉辦平安跳蚤市集。參道兩側和廣場上，聚集了來自全日本各地，約一百五十攤風格迥異的店家，如藝廊般展出美麗的作品，或像玩具箱般充滿了趣味性，這樣混搭的景觀，充滿了獨特且自由的氛圍。

周圍還有許多公共設施，如美術館、動物園、劇場和圖書館等。稍微走一小段路，還能到「菓子・茶房 cheka」和「LA VOITURE」等多家值得細細品味的咖啡館。假如認真想買些東西回家，建議選在人潮最少的九點之前抵達。

Photo & text: Natsuko Ishikawa

SUMMER
128
365

芒種

六月十一日

穿越斜拱隧道的青苔岩

從蹴上傾斜鐵道所在的地下鐵東西線「蹴上」站出發，往南禪寺方向步行途中，會經過「斜拱隧道」（ねじりまんぽ），這是一條要徒步五分鐘來穿越的小徑。其上方有正在行駛的斜坡鐵道。隧道名稱的由來，來自隧道中鋪設的磚石呈現螺旋狀，而「隧道」在此指的是礦山坑道。為了承受穿梭其間的船隻的重量，這些磚塊才以螺旋狀堆疊起來。

到了六月，當綿延的岩石上佈滿青苔，會讓這段小路顯得格外翠綠。「水無月（六月）」中的「無」實際上是連體助詞，因而有「水之月」的含義。雖然這個季節很潮濕，但傾耳聆聽雨滴聲時，莫名有種聽到自己心跳般的安全感。也許從南禪寺沿路走向哲學之道，也是個不錯的選擇？

Photo: Keigo Ishibashi / Text: Tomoko Tsuda

SUMMER

129

365

芒種

六月十二日

被雨打濕的石板路

梅雨時節，京都盆地是既悶熱又潮濕。一待天氣放晴，便如盛夏般炎熱。這種時候，許多人家會朝門前的石板路灑水。透過格子門的縫隙，可以一窺被水打濕的石板路所呈現的涼爽景致。雖然地面很快就乾了，但奇妙的是，歷經多次灑水後，卻能感到氣溫稍微下降了。

濕潤的石板路美到讓我甚至期待起下雨天。正因為是每天不經意映入眼簾，又難以改變的周遭環境，所以遇到美得獨一無二的京都袋小路（死巷），並實際住下來之後，不知不覺過了三十個年頭。這真是令人感激的緣分。順帶一提，這細窄的小巷多為屋主的私有道路，而且石板路相當不好維護起來。真心希望能有一套健全的制度，防止這些道路受到損毀。

Photo & text: Natsuko Ishikawa

SUMMER

130

365

芒種　六月十三日

「托您的福」你能想到、說出口多少次？

「祇園精舍鐘聲響，訴說世事本無常；沙羅雙樹花失色，盛者必衰若滄桑。」我曾參加過位於右京區花園，由妙心寺東林院舉辦的「沙羅之花珍視會」，聆聽僧侶法語。人生中能有多少次真心地想到或說出「托您的福」這句話呢？

沙羅雙樹的花朵，朝開夕落，僅綻放一日，是象徵無常的剎那之花，吧嗒落地，仍然美麗。彷彿在說人可以如同沙羅之花，即便倒下，仍要保持美好；即便死去，也要為人所愛，稱讚「他是個好人」。沙羅花又稱夏椿，據說被種植在釋迦牟尼涅槃之地。《平家物語》中亦有沙羅雙樹的詠嘆。以沙羅樹聞名的「沙羅雙樹之寺」，即為妙心寺的塔頭「東林院」。你能在此玩味沙羅雙樹之花落於青苔上的景致。

Photo & text: Tomoko Tsuda

芒種

六月十四日

將熱愛的香菜，寄託於丹後田野

早在十幾年前，我就在丹後的私家農田種植香菜。儘管目前市面上已經容易買到香菜了，但不久前還很難在超市找到。既然如此，那不如我自己來種吧！不過，實際照料的是我已退休的父母。雖然我非常喜歡香菜，他們也願意以無農藥的方式來細心照料，但對他們來說卻像一種有臭味的草。當氣溫不會太熱且水分充足時，香菜會快速成長，所以每年大約在六月和十月，都是我前往採收的豐收期。

清晨開車約兩個半小時，便能抵達京丹後的農田。當看到香菜在風中輕輕搖曳，心裡就充滿了幸福感。收割後洗淨，在傍晚返回市區，將香菜進行保存處理，提供給朋友或熟人開的店家，請他們大量使用。

Photo & text: Naho Masumoto

SUMMER

132

365

芒種

六月十五日

日常用具亦能成爲一道風景

參觀寺廟佛院時，那些映照著日常的景致，也讓我感到別有風情。

池邊隨意擺放的掃箒和籃子。

它們既是掃除用具，亦是營造風景的道具。

那個空間中的一切物品，似乎連最日常不過的小工具，都經過細心考量，以不破壞整體風景為前提。這樣的環境下，能清楚看出什麼該留下、什麼不該在場，選擇取捨得恰到好處。

當這種景緻就如近在身旁的日常時，我竟也開始在意起自家的景色。那些平常隨意亂放的生活用品，只要好好配置，就能成為一道風景。光是生活在這裡觀點也一一跟著變化，讓自己接受京都美學影響，不斷地磨練自己的眼光。

Photo & text: aromateabase

芒種

六月十六日

悠然自得的編草職人

中村未來子女士擅長用線編織出美麗的繩，然後製作成各式裝飾品。某個夏至，她宛如受到牽引般前往拉脫維亞旅行，因而遇見了可視為草編雛形的花冠。每逢夏至之日，拉脫維亞有個由女性戴上花草編織花冠的習俗，男性戴上槲櫟葉編成的葉冠，來表示對自然恩惠的感謝與祝福。她習得這項技術後回家，開始接觸各種草本植物。即使是稱作雜草的植物，一由她經手編織，就會如施展魔法般，被賦予了新生機，成為能淨化場域的神聖編織品。掛上這些作品，就會產生一股被大型護符默默守護的溫暖情緒。中京區的「小小房間」和靜原的「Millet」，每年會展出她的作品，每月一次的下鴨「圓麵包yugue」市集也有攤位，希望你能邂逅屬於自己的守護草。

Photo & text: Eriko Ueda

芒種

六月十七日

將伊根岩牡蠣送給重要之人

京都也有海。這裡是位於京都府北部，以「伊根船屋」聞名的伊根町。

伊根灣的海波平穩，透明度高達十五公尺以上，是水質非常清澈的海域。當地有一位在伊根長大，並承繼家族漁業的第三代、「橋本水產」的經營者橋本弘先生。他所養殖的伊根特產岩牡蠣，要花上四到五年來精心培養。岩牡蠣的特徵是極少苦澀味與腥味，富含維他命及礦物質，易於消化吸收，被譽為海中牛奶。由於人稱有延年益壽的效用，每年到了父親節，我都會送這款「夏珠」岩牡蠣給爸爸來表達謝意。「你不用還特地帶過來啦～」「就是說呀～」。這些話用伊根方言來說，聽來很像漫畫《福星小子》中的拉姆，讓我覺得說的人很可愛。

Photo: Ine Town Office / Text: Tomoko Tsuda

SUMMER

135

365

芒種

六月十八日

在蔬果店選購番茄

初夏的番茄最好吃。雖然是全年都買得到的蔬菜，但仔細觀察就知道，番茄在天候溫暖時會變成深紅色，看起來特別可口。盛產時期，常光顧的蔬果店會在店頭擺出各種番茄，不單只有小番茄及普通番茄這兩種。

選擇這麼多，它們之間究竟有何不同？若你詢問店家，他們可能會告訴你，燉煮的話選這個、直接吃的話選那個。有時候，店家還會熱心地建議，如果喜歡濃厚的番茄味，選這個準沒錯；要是喜歡比較甜的，那就選那邊那種。番茄的味道不僅取決於品種，也會受生產者和栽種土質等因素影響。我喜歡番茄到幾乎可以每天吃，慢慢也鍛鍊出能辨別市售番茄優劣的能力了。你可能會覺得有些意外，但京都的番茄，真的相當美味。

Photo & text: Mitsuko Morishita

芒種

六月十九日

街上的螢火蟲之光

受到豐富自然環境圍繞，連水都清澈不已的京都，初夏時期，甚至能在市區看見螢火蟲的身影。大約六月初，就有螢火蟲開始零星飛舞，數量最多的時期，正好落在六月中旬至月底的梅雨季節。在潮濕、悶熱、無風的夜晚，螢火蟲會特別活躍。黑暗之中，一盞接著一盞的微光交互穿梭，如夢似幻。在我心中點起了超時空的想像力，遙想平安時代的人們或許也曾看過相同的風景。

能觀賞到螢火蟲的地方，除了從銀閣寺旁派出所到若王子神社之間的「哲學之道」；有著清澈溪流的「高雄」，更是眾所周知的螢火蟲棲息地。此外，位於二條大橋附近，屬於鴨川分流的「禊川」周邊，也能在幽暗草叢間，靜靜欣賞那螢螢閃爍的光芒。

Photo & text: Mikiko Toshima

SUMMER
137
365

芒種

六月二十日

鴨川的三百六十度夕照美景

悶熱且潮濕的京都夏季，由於濕度較高，天空往往在傍晚時分被染成深紅色。當大氣中的蒸氣量較多時，只有波長較長的紅色光線會被散射，從而產生美如畫作的夕陽景致。

每當預感當天可能出現緋紅夕陽時，我會急忙踏著自行車前往鴨川。因為河流上方的視野特別寬敞，可以在開闊的景色中，靜靜欣賞逐漸染紅的天空。

鴨川由北至南流經京都市中心，因此欣賞夕陽的最佳位置位於東岸。

有時候，夕陽的光芒甚至會擴散至東方的天空。這時，我會移動到橋上，一邊欣賞與天同色的河面和悠然游曳的鴨群，一邊三百六十度全方位享受夕陽，彷彿自己也融入這幻想的色彩之中。

Photo & text: Mikiko Toshima

SUMMER
138
365

夏至

六月二十一日

季節更迭的蠟燭禮

夏至時點燃「rinn to hitsuji」蠟燭，會產生一股彷彿有生命停駐其中，令人想向太陽表達感謝，並進行一場充滿神聖且溫柔的冥想。

這個品牌的作品，大多是呈現獻給太陽及雨水如土偶般的神明、月之女神、如地球般圓潤，恰好收入掌間的行星，以及代表月亮盈虧、一片片帶有香草與香氣的植物形象、照亮自由及覺察的精神世界等主題。

而這些如雕刻般細緻的蠟燭，名稱中亦寄託了微微搖曳的一絲火焰，展現出柔和而堅定的特質。這些充滿祝福與淨化，有如護身符般的作品，也有推出代表春分、夏至、秋分、冬至等節令的蠟燭禮品。京都的「stardust」及「民之物」（民の物）兩家店，都能尋獲它們的身影。

Photo & text: Eriko Ueda

SUMMER

139

365

夏至

六月二十二日

店頭成排的炭烤川魚

千本上立売站附近的「鰻魚Ozeki」（うなぎのおぜき），主要販售炭烤鰻魚和河魚。這間店很靠近我常去買精釀手工啤酒的「山岡酒店」，所以也常騎著自行車從門前經過。而我每次都會被炭火的香氣吸引，看一看店頭陳列的食物。雖然無法爽快買下鰻魚，卻經常購買炭烤河魚、鰻魚玉子燒、鰻魚飯糰、烤得酥脆的鰻魚骨和蝦豆等小菜。

六月之後，店頭開始出現鹽烤香魚，讓我越來越常在夏天購買經炭火燒烤過的香魚回家享用。這道菜不僅適合搭配啤酒，也非常適合冰清酒。能以平易近人的價格在家中享受如此美味，真的很棒。到了九月，雖然價格會稍漲，卻換成帶卵的鹽烤香魚登場了。真開心住家附近能這樣一間店為我帶來這種樂趣。

Photo & text: Nao Daimon

夏至 六月二十三日

初夏風情畫「青楓」

儘管京都秋季的楓紅吸引了大量觀光客，但你是否曾體驗過名為「青楓」的初夏風情畫？

四月底到七月，是青楓的最佳觀賞期，嫩葉逐漸從淡綠變為深綠，清新的氛圍與秋季楓紅美得各異其趣。

青楓在初夏的季語中稱作「若楓」，曾受到與謝蕪村、正岡子規等知名俳句詩人吟詠。另外，吉田兼好的《徒然草》中也留下了這句話：「四月的若楓，遠勝許多花朵或楓紅，格外美好」，給予初夏青楓高度的讚譽。

雖然在瑠璃光院或三千院這些以楓紅聞名的寺廟也能觀賞到青楓，但在照片中的世外桃源「貴船神社」，卻能坐在川床上近距離觀賞，讓人忘卻京都酷熱的夏季。

Photo & text: Teruki Ishibashi

夏至

六月二十四日

欣賞枯山水庭園的同時做瑜伽

距離千本出水巴士站三分鐘腳程的「心和山光清寺」，是伏見宮貞致親王為了祈求生母慈眼院殿心和光清大信女的冥福，於寛文九（一六六九）年在宮家領地所建立。境內有一座由重森三玲設計的枯山水庭園，但為了保護檀信徒參拜時的寧靜環境，寺廟不對外開放參觀，也不提供御朱印。

不過，寺方自二〇二二年起，為了給人帶來身心上的安寧與活力，在這個內行人才知道的庭園本堂，舉辦了諸如瑜伽、抄經、坐禪和兒童書法教室等活動。進入本堂之後，從正面觀賞庭園的畫面，實在又美又珍貴。這裡很歡迎帶著孩子一同參加，活動結束後還能在境內自由玩耍，或與廟方人員交流，都是非常新鮮的體驗。請通過IG等平台，確認最新的活動資訊。

Photo & text: Natsuko Ishikawa

SUMMER
142
365

夏至

六月二十五日

由移居夫妻栽培的「和芥末」

「hodohodoya8」（ほどほど屋エイト）是從埼玉縣移居到綾部的和芥末專賣店，擁有自己的農園，並販售多種自製調味料。由於日本芥末的自給率趨近於零，他們決定自己種植，不希望自產的芥末品種消失，所以移居到綾部之後，兩人就持續實施自然耕作。

他們從取得日本原生品種的黃芥末種子開始，進行播種、栽培、生產、加工、銷售等過程，需花費一整年的時間，幾乎全都是充滿細節的手工作業。而生產者「和」先生，也一舉兩得的用自己的名字將產品命名為「和芥末」（和がらし）。儘管製程繁瑣仍持續生產原因，除了芥末是連結了夫妻兩人的緣分，更是因為日本國內幾乎沒有人生產，他們誠摯希望能將這份技術傳承給下一代。

Photo & text: Eriko Ueda

SUMMER

143

365

夏至

六月二十六日

梅子、味噌及糠床

面對肉眼不可見的發酵世界，京都有許多值得細究的味噌店、醬油店、漬物店和釀酒廠。近年，每當季節轉換，傳授製作醃漬味噌和梅子的教室也逐漸增加，越來越多人想體會自家製的樂趣。手工製作的醍醐味，就在於不需使用多餘的添加物，可以只選用安全的原料來製作。不過，忙碌時選擇值得信賴的店家也相當方便。從嵯峨嵐山站步行約三分鐘的「發酵食堂kamoshika發酵市集」，店內陳列著與發酵相關的食材、調味料和特製的糠床甕。「生命因生命而活躍。」（命は命で元気になる。）的店主關惠女士，期許人們能將有生命的食物和發酵食品帶回家中廚房，以及透過店內優美並排的保存瓶中，找到下回想自己在家完成的「作業」。

Photo & text: Natsuko Ishikawa

夏至

六月二十七日

手工藍染羊毛球

在靜原町的「Millet」，我們在草木染與創意工藝老師「顏色與節奏」（色とリズム）的指導下，跟孩子們一同用Millet種植的新鮮蓼藍葉來染色。這是只有蓼藍茁壯成長的季節，才能完成的一項手工藝作業。孩子們用小小的手撕碎葉片，將羊毛浸泡在擠出的液體中，再用肥皂水將羊毛裹成圓球狀。對大人來說，這項作業也如同冥想般令人無法自拔。那些可愛的圓球彷彿美麗的小型地球。

幾天前，我們同樣在靜原町從事發酵建藍的朋友那裡，用藍染線進行了弦線藝數。在圓木板打上多根釘子，然後將線繞上。以數量的節奏編織而成的圖案，宛如曼陀羅，浮現的色調就如同內心的色彩。面對線和數字的時光，就像開啟一場自我與心靈的對話。

Photo & text: Eriko Ueda

夏至

六月二十八日

桂川的香魚與螢火蟲

稍微深入花背，即可抵達桂川的源流廣河原。從廣河原流經花背，穿越右京區京北，來到南丹市日吉水壩，再從龜岡市和嵐山流入京都盆地，於伏見與鴨川合流，最終在大阪府的邊界成為淀川。在稱作上桂川的源流區域，大約四月時，會放流琵琶湖的香魚幼苗，為六月解禁的釣魚季進行準備。上游的香魚雖然體型較小，卻因肉質細緻無腥味而深受歡迎。每到垂釣季的開放日，桂川沿岸總是停滿車輛，往河道望去，若能看到不少釣客的身影，就知道釣魚季來了。這個時期的夜晚，也會有螢火蟲在河流上方來回飛舞，晚上八點到九點是絕佳觀賞時機，據聞八點半是高峰期，接著就得等到深夜十一點或二點。但那時螢火蟲可能也想睡了，所以最有精神的時間是晚上八點半左右。

Photo: Kenji Sadakane / Text:Yuki Egusa

夏至

六月二十九日

驅散暑熱邪氣的水無月

京都府以擁有全日本最多的和菓子店為榮。除了老字號店家和知名店家，甚至連狹窄的巷弄間，也隱藏著精緻小巧的和菓子店。每到六月，這些和菓子店都會不約而同地擺出「水無月」這道甜點。

由來是古時的宮廷，會在舊曆六月的土用時節開啟冰室，運送冰塊來納涼。然而只有貴族階層能得到冰塊，一般民眾無法享受這種涼意，於是他們轉而食用「水無月」。這種三角形甜點，外觀是仿照碎冰形狀，底部則用白色外郎糕來代表冰塊，上面則綴滿用以驅散邪氣的紅豆。

因為有助於驅散暑熱邪氣，京都人習慣在六月三十日的夏越大祓時品嚐水無月。建議食用前，可以先放進冰箱裡冰鎮一下。

Photo: Yolliko Saito / Text: Sumako Shimizu

夏至

六月三十日

夏越大祓，穿越茅之輪

六月三十日正好過了一年的一半。夏越大祓是為了驅除半年累積下來的污穢，並祈求下半年祛病消災。在神社境內，穿越一個茅草製成的大圓環，邊默念著「參與水無月夏越大祓者，能延長千歲的壽命」，從正面開始，按照左、右、左的順序，像寫八字般繞行茅之輪，據說就能達到除去污穢的效果。這項儀式在京都許多神社都有舉行，而每家神社的儀式步驟都略有不同。

由於這一天也會舉辦祭神儀式，每年我都會隨著參拜，跟隨神職人員走過茅之輪。雖然到守護地方的氏神神社除穢是最佳選擇，但如果有特別感興趣的神社，參拜者也可以跟著氏子一同參加。當眾人齊心合力地穿過茅草環時，會感到格外神清氣爽，並產生「下半年也要繼續加油！」的決心。

Photo & text: Aki Miyashita

SUMMER
148
365

夏至

七月一日

千本縁馬堂的風祭

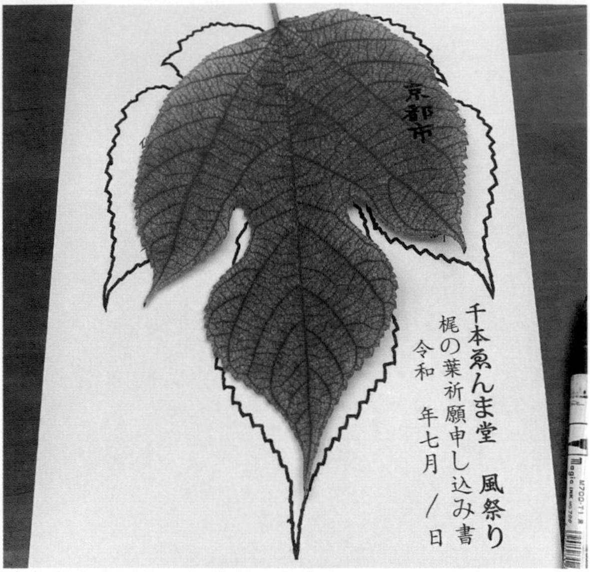

千本閻魔堂風祭，梶葉祈願申請書

位於千本鞍馬口附近的「千本閻魔堂」，也稱引接寺。每年的七月一日到十五日，會舉辦「風祭」。據說源自創建千本閻魔堂的小野篁會化身為風，往來人間和冥界的傳說。

在境內梶樹的葉片上寫下願望，僧侶就會在點燈的主尊——巨大的閻魔法王雕像前為你祈禱。這尊雕像通常是不對外展示的，因此也是個難得的體驗。閻魔法王的雕像魄力十足，會讓人感覺身上所有的壞運都被掃落一空了。寫有願望的梶葉，會被懸掛在本堂前，與風鈴一同飄揚。梶葉在乾燥之後，會自然捲曲起來，所以其他人看不見你寫的願望，真是個巧妙無比的安排。聽說近期也將重新開始舉辦「聞香會」。

Photo & text: Nao Daimon

SUMMER

149

365

夏至

七月二日

前往梨木神社汲水

京都市內有許多店家會汲取地下水，用於製作豆腐、蕎麥麵或高湯等，有幾個地區的水源特別甘甜。每當經過開放供人取水的神社或店家時，他們會很樂意分享一些水給你。自從聽說這種柔和的水能夠熬煮出美味高湯之後，我就經常在回家路上順道拜訪。

梨木神社位於京都御所東側，以「萩之宮」聞名，也是觀賞萩花的知名景點。手水舍中的染井之水被譽為京都三大名水之一，並被認為是最適合茶道的水質，味道柔和且帶有微微甘甜。雖然稱作井，但也不用特別打水上來，只需要扭開水龍頭，任何人都能輕鬆取用，建議以小型容器適量裝取。為了避免井水枯竭，希望大家一同維護這珍貴無比的資源。

Photo & text: Mitsuko Morishita

SUMMER 150 / 365

夏至

七月三日

一個月忍住不吃小黃瓜

「鏗鏗鏘鏘、鏗鏘～」京都會在七月舉辦祇園祭。隨著那特殊音色的邀請，漫步在山鉾町，可以一窺眾人在町會所二樓練習囃子的情景。祇園祭源自平安時代，為了祈求疫病消散，由笛子、太鼓、鉦鼓等樂器組成囃子，希望以樂聲悠揚的演奏，令那些引發疫病的御靈為之傾倒，並使其消散。

據說在祇園祭期間，從七月一日的「吉符入」開始，京都人會有長達一個月的時間避免吃小黃瓜。理由是八坂神社的神紋之一「五瓜中一唐花」的圖案，與小黃瓜的橫切面相似，吃了恐造成「諸多冒犯」。事實上，有人曾調查周遭親友是否仍遵循這個傳說，結果大概是一半一半。附帶一提，我家的京都人雖然很喜歡小黃瓜，但在七月也是屬於不吃的那一派。

Photo & text: Mikiko Toshima

夏至

七月四日

京都的微釀啤酒廠

日本於一九九四年修改酒稅法，將「年間最低生產量」放寬為六十公升，從此許多小型釀造場也能生產啤酒了。近年來，即便是以日本酒聞名的京都，也有越來越多釀酒師，利用獨特技術精心製作「手工精釀啤酒」，讓人們能夠輕鬆享受不同的美味。位於西陣的「WOODMILL BREWERY. KYOTO」，從我家走路就可以抵達，是由自幼在京都長大的辻本先生所經營的小型啤酒廠。該啤酒廠少量生產的啤酒獨具特色，我特別喜歡痛快地大口暢飲「Golden Ale」。這裡還有以杯計價的小酒吧，除了會販賣一些其他京都店家的精選下酒菜，也能自由攜帶外食這點實在太棒了！在「Japan Great Beer Awards 2022」中獲得銀獎的「Hassaku White」，以及銅獎的「Pale Ale」也非常美味！

Photo & text: Natsuko Ishikawa

夏至 七月五日

可怕又溫柔的寺廟時光

在嵐山跟先前就有約的丈夫和朋友分開之後，負責照顧孩子的我，就這樣帶著三位男孩和女孩前往清涼寺。不過，比起參拜，我們更像是個小小探險隊。

支付入場費時，櫃台阿姨笑著對我們說：「真勇敢呢～」進入本堂後，發現牆上雖然掛了許多佛畫及曼陀羅畫，但其中也包括鬼怪等令人感到害怕的畫，孩子們都被嚇呆了。我們逃離似地離開本堂，穿越涼爽的走廊，去欣賞庭園風景。在一間可以抄經的房間，三位小可愛體驗了他們初次的抄經活動。這裡每個角落都非常適合拍照，我們忙著四處走走拍拍。雖然被寺廟裡的人二度告誡不要跑來跑去，但他們都非常友善，從旁溫柔地注視、關照我們。

Photo & text: Miwa Homma

SUMMER

153

365

夏至

七月六日

如果要度過這樣的午後時光……

初夏的上賀茂神社，彌漫著柔和且寧靜的氛圍。在鳥居對面的和菓子店買了烤麻糬當作點心之後，我們到神社境內的「奈良小川」玩水。大樹圍繞清流，燦爛的樹影光斑十分美麗，彷彿被守護一般，令人感到格外安心。

那天，神社境內的一個角落設置了七夕裝飾，並準備了各種造型和顏色的短籤。「啊，原來七夕快到了啊。」不知不覺，我真心地寫下了心中的願望，並小心翼翼繫在許願竹上，雙手合十祈禱。孩子們看到後也跟著模仿。

生活在靈驗的神社及寺廟周遭，想散步或玩水時都可以隨意來走走。我對於就算只是短暫停留，也能想起被遺忘的節令這點充滿感謝。光是能度過這樣悠閒的午後，都讓我覺得來到京是很好的選擇。

Photo & text: Miwa Homma

小暑

七月七日

七夕的梶葉裝飾

自從以花藝為業的朋友提到會在七夕裝飾梶葉之後，一旦遇上夏天來訪的客人，我都會做點簡單的裝飾。梶葉實際上是一種野草，我工作地點前方的丸太町通上，每逢夏天都會有梶葉從行道樹旁探出頭來。我會以感激之心，摘取一些放在盛水的容器中任其漂浮。然後在客人入門前，加入一些冰塊，為家中增添清涼的景致。用色紙剪出梶葉的造型，也是我喜愛的七夕裝飾之一。

梶葉的表面略帶粗糙，很容易沾取墨水。據說平安時代的人會在葉面寫上和歌，然後投到屋頂上，或放置河面漂走。原來梶葉是自古至今都陪伴在我們身旁的植物。知道這些事之前，我幾乎從未留意過梶葉的存在，但每當夏季到來，就會意外在許多地方見到它的身影。

Photo & text: Mitsuko Morishita

SUMMER

155

365

小暑　七月八日

檜扇與祇園祭

檜扇自古被視為一種辟邪植物。祇園祭期間，鉾町一帶町家都有裝飾檜扇的習俗。七月的京都，滿城盡是祇園祭。二〇二二年，睽違三年舉辦的「山鉾巡行」堪稱熱鬧非凡。每逢此時，市區的花店也會開始販售檜扇，細心地包裝在寫有「疫病消散」的紙張中。無論是作為家中裝飾亦或京都各處店舖中裝飾花藝，都能令人感到濃厚的祇園祭氣氛。東山及室町的老舖料亭「和久傳」旗下有一家餐廳「五」，就位於大德寺前，提供蕎麥與各式料理，精美的家具及器皿，加上令人驚艷的料理，是我特別中意的店家。店門附近的花藝裝飾，格外讓人印象深刻。由於檜扇凋謝的速度很快，所以每次在京都各處看到檜扇，都會產生一股感受京都夏天的喜悅之情。

Photo & text: Natsuko Ishikawa

小暑 七月九日

隨季節變換的「安居」日常服

「安居」是我自創的日常服裝品牌，意指愉悅放鬆地生活、安心處於當下。孩子出生後，我開始希望擁有材質自然，可以直接穿出門，也方便下田工作的衣服，於是與裁縫工坊「日服」一起進行展銷活動。我們希望服裝能融入每位穿著者的個性，盡量不添加多餘的裝飾，既耐穿又好活動，容易保養又十足美觀。夏天我會選用涼爽的木棉、麻或印度手織棉，冬天則用暖和的羊毛或韓國努比布等材料。最近，我也因緣際會用起來自寮國藍靛族的手紡、手織有機棉來製作枕頭，並使用自己綾部住家附近的植物來進行草木染，製作嬰兒用衣物。我每年都會在下鴨的「yugue市集」和靜原的「Millet」舉行數次展售會，期望將帶有安居想望的日常服，送到顧客的手中。

Photo & text: Eriko Ueda

小暑

七月十日

花背的粽子竹葉

花背的別所一帶盛產粽竹葉，自古被用來製作祇園祭驅避疫病及災厄的護符——粽子，或是用於製作和菓子。數年前，由於經歷十年至百年一次的全面開花後，粽竹大量枯死，加上山區的野鹿數量增加，頻繁啃食新芽，導致面臨滅絕的危機。不過經過地方居民、京都市及大學等單位的共同努力，近年來終於呈現復甦的跡象，當地民眾和孩子們，也積極參與維護花背的粽子傳統文化活動。

別所地區的竹葉香氣四溢，綠意深濃，且背面沒有絨毛，這些特徵使其深受和菓子店及餐廳的喜愛。本地也正努力組織、復興這項產業，進行收穫竹葉、捆綁、乾燥，以及製作包入麻糬內餡的粽子等傳統工藝的教學。

Photo: Kenji Sadakane / Text: Yuki Egusa

SUMMER
158
365

小暑
七月十一日

京都的熱門立飲店

位於上京區的人氣立飲店「酒場井倉木材」，直到幾年前還是一家路過時能隨意造訪的小店，如今完全成為人氣店，總是全場客滿，被婉拒次數一多，也就很久沒有去了。這天，我決意去喝一杯！幸運的是，由於時間還早而得以入店。這家店白天是木材行，傍晚後轉而經營立飲店。空氣中飄散著木材的香氣，能一邊感受外頭空氣一邊喝酒，著實格外愜意。現場的小菜種類豐富，日本酒也很美味，令人每次去都充滿期待。店外用木炭炙燒的香氣和視覺效果特別吸引人，總讓我忍不住跟著點一份，店家實在很懂得抓住酒客的心。雖然不太容易進去這點讓我很難過，但每次去都覺得自己果然很喜歡這家店。很高興住家附近有這樣一個好地方，或許下次有機會再去碰碰運氣吧。

Photo & text: Nao Daimon

SUMMER
159
365

小暑 七月十二日

品味極樂世界之花

盛開於極樂淨土的蓮花。我們幾乎能在寺廟佛閣的池塘，以及院內的缽盆中見其身影。儘管蓮花形體大朵華麗，但開花期只有短短三天。到了第四天，花瓣就會一片片掉落。蓮花可作為食用花，在保持優雅造形的同時品嚐其美味。如果想充分利用花瓣之美，不妨製作成醃漬或糖漬蓮花；或像萵苣那樣當作生春捲的配料。假如想更奢侈一點地享受蓮花香氣，可以趁花開的第二天採收，在花朵中填充茶葉後，闔上花瓣。如此一來，茶葉會裹上一股花朵的香氣。而這個蓮花茶，基本上只有幾天的賞味期，是夏季限定的風味茶飲。摘下花瓣剝開花托之後，裡面的蓮子如堅果般甘甜可口。在短短數日的花期中，請用雙眼和味覺全心品味蓮花的美好。

Photo & text: aromateabase

小暑　七月十三日

夏季特別甜點．蜜桃梅爾芭

提起七月一定要品嚐的美食，心中最先浮現的就是蜜桃梅爾芭。因為我正好在夏天出生，以至於無論長到幾歲，這個季節總令我格外雀躍。

位於元田中站的「La Part Dieu」，繼承了老牌法式餐廳的古典優雅風情，提供以近郊時令蔬菜為主的精緻料理。每年七月，我都會特地前來光顧，在餐後點上一份蜜桃梅爾芭。

那是糖漬桃子搭配上冰淇淋及酸甜覆盆子醬的一道法式甜點。當它在口中融化時，有時腦中會不可思議地閃過久遠前的的記憶。例如，我跟同伴們到朋友家後院偷摘李子吃，然後被大人責罵的情景。酸中帶甜的夏日回憶，伴隨著一股鄉愁情懷，「蜜桃梅爾芭」對我來說，是一款帶有懷舊情感的特別甜點。

Photo & text: Naho Masumoto

SUMMER 161
365

小暑 七月十四日

漫遊祇園祭宵山

山鉾巡行，堪稱祇園祭的重頭戲。而巡行前的山鉾公開展示，即為宵山活動。人們可以欣賞山鉾上的裝飾物，有些甚至讓人入內參觀。街上也會有許多小販擺攤，人潮會乘著傍晚涼風四處閒逛，這個熱鬧情景即是俗稱的前夜祭。走在京都街道上，經常看到許多人家，在玄關掛上宵山時購買的除厄粽。祇園祭本為祈求疫病消散的祭神儀式，而粽子則是護宅顧家的平安符。每個山鉾都有個性獨具的粽子，讓人不禁期待每年的挑選過程。也很推薦邊散步邊收集御朱印的活動。無論是親自蓋印或請人幫忙，每間神社寺廟都有獨家設計。儘管要耗費不少體力和時間才能全部集滿，但成就感會成為充滿喜悅的珍貴寶物。前祭宵山是從七月十四日～十六日，後祭宵山則是二十一日～二十三日。

Photo & text: Aki Miyashita

小暑 七月十五日

白樂天山的學業成就筷

雖然有幾個地方專門供奉掌管學業神祇，但我家的應試考生都會趁著宵山活動時尋找這款筷子，從購買當日起直到考試當天，甚至公布結果的日子，都用同一雙筷子用餐，藉此每天向神明許願。

烏丸通稍微往西，再沿著四條通往下走，就會抵達白樂天山。此處的主神是掌管學問的「白樂天」，據說對學業成就特別靈驗。雖然我們平常很少向神明許願，但應考是一場持久戰。可能也因為有學業成就筷作為心靈支柱的關係，我們家的人在考試時，總是能取得不錯的成績。在祇園祭中，觀賞鉾車或山車上的華麗裝飾是一大樂趣。但當了解每一位神祇，並實際進行參拜時，似乎能接觸到過去未知的世界，感覺祭典其實比想像中更貼近我們的生活。

Photo & text: Mitsuko Morishita

SUMMER
163
365

小暑　七月十六日

花藝師打造的世界

每回到京都，我必定會拜訪位於河原町三条旁某條巷弄間的「花政」。花政創立於文久元年（一八六一年），是一家從江戶時代經營至今的老牌花店。有一說是「漫遊京都，必定會與『花政』相遇」，因為無論是老舖旅館、飯店、料亭、百貨公司還是寺廟，京都各處皆可預見來自花政的花飾。走入花政，目光會先被入口處的青綠苔蘚吸引。店內有各種豐富的日本和花，以及令人憐愛的山花野草及枝葉，即使是你熟悉的玫瑰或蘭花等西洋花卉，也在此展現出一種融入和風的優雅氛圍，令人驚豔。京都是一個非常重視傳統節令的地方，多不勝數的時令行事上最不可或缺的就是「花」。而這也是花藝師們，為了回應擁有堅定審美眼光的京都人，所創造的美好世界。

Photo & text: Mikiko Toshima

SUMMER

164

365

小暑

七月十七日

穿越過隧道就能抵達保津峽

京都有一個在你穿越隧道的瞬間，能立即體驗到全然不同世界的景點，而帶來這份感動的地方就是保津峽。

乘著電車一路搖搖晃晃，穿過一段稍長的黑暗之後，眼前將出現一片景觀格外壯麗的峽谷。每逢夏日期間，可以看到搭乘順著保津川一路向下而行的遊船景致，船隻在河流推動下，以猛烈的速度在浪花中行進，這個水上活動與當地的觀光小火車同樣深受觀光客喜愛。

每次從車窗看到這個景象，總是會覺得一半清新，一半羨慕。等孩子們長大後，我也想跟他們一同滑下被群山包圍的河流──享受涼風與飛濺的水花、純天然的「雲霄飛車」，伴隨著驚叫聲的旅程，肯定十分刺激爽快。

Photo & text: Takuma Oshiba

小暑

七月十八日

大馬路上的消暑妙招

儘管聽過傳聞，但京都的夏天實在有夠熱。難以招架的我們決定步上大馬路。

在堀川通和寺之內通交匯之處，有個「堀川清流第二公園」。雖說是個公園，卻只是一個稍微寬敞的中央分隔帶，上面種植著路樹，兩側用柵欄圍住，車輛不斷從旁呼嘯而過。公園裡有一條小溪，但可能更適合稱作引水道。孩子們相繼跑過人行道之後，全速衝刺、毫不猶豫地跳入水中。

我們大人則坐在溝渠邊，看著孩子們大笑和水花飛濺的模樣，邊將腳泡進冰涼流水中，接著從籃子取出白葡萄酒和起司。呵呵。那些在等紅綠燈的車子，總會有人對我們投以「真不錯呢！」的會心一笑。京都的夏天，不妨稍微放膽嘗試，能樂在其中的人才是贏家。

Photo & text: Miwa Homma

小暑　七月十九日

冰之節句的「玲瓏豆腐」

盛夏時期終於登場，熱到不得了的夏天來到京都。年復一年的酷暑，常常讓人熱到失去食欲。這種時候，總會想吃點滑嫩美味的豆腐。或許是因為京都擁有優質且豐富的地下水資源，這裡有很多美味的豆腐店。

我特別喜愛其中一間因工作結緣，位於黑谷（くろ谷）——金戒光明寺及真如堂附近的「京豆腐服部」。他們出品的豆腐有著濃郁豆乳甘甜，口感細膩，堪稱極品。以前曾在七月時跟朋友舉辦了一個叫做「豆腐百珍」的活動。我們嘗試了豆腐的各種吃法，其中最令人印象深刻的是「玲瓏豆腐」。農曆六月一日（現在的七月）的「冰之節句」，在室町時代是宮廷開放冰室（存放冰塊之處）的日子，民間則會製作模仿冰塊的「玲瓏豆腐」。

Photo & text: Naho Masumoto

小暑
七月二十日

禪寺，早上八點的座禪時光

即使是每天忙碌的母親，偶爾也需要一段忘卻日常的特別時光。我會趁著孩子們熟睡時偷偷溜出門，光是漫步在清晨人煙尚少的祇園也夠特別了，更別說步入京都最古老禪寺——建仁寺的境內時，又能感受到一股截然不同的空氣。

走進境內的「兩足院」參加座禪會。不是為了觀光遊覽，這種別有目的地穿越塔頭大門的感覺也很特別。彷彿成為一位佛道修行者，讓人不自覺地繃緊了神經。一進入本堂，眼前的庭園翠綠得有些炫目，佇立在其中的和尚身影閃耀著光彩，一瞬間懷疑起自己是否存在於現實世界中。

雖然座禪這種活動容易讓人感到緊張，但在和尚沉穩的帶領之下，我能夠充分放鬆心神，享受前所未有的寧靜又自由的冥想時光。

Photo & text: Miwa Homma

小暑 七月二十一日

大原的紅紫蘇汁

位於比叡山山麓，被四面山脈環繞的大原。這裡種植紅紫蘇已有數百年歷史，因接近原種，加上在夏季晴朗的日子，山腳下常有薄霧，提供種植紅紫蘇所需的水分，因此這裡種植的紅紫蘇，無論色澤、香氣、口感都堪稱最高級。每年都有許多來自遠方的人，特地前來購買紅紫蘇，製成梅乾或是紫蘇汁。大原學院的小學生甚至有學習用當地紅紫蘇來製作柴漬的時間，我兒子們因而愛上了柴漬和紫蘇汁。

待將近二公升的水煮至沸騰，接著加入三百克的紅紫蘇葉，煮約十分鐘後過濾，再加入三百克蔗砂糖熬煮，最後加入二百克的蘋果醋，攪拌均勻放涼之後，即為濃縮的紅紫蘇汁。稀釋後飲用或製成果凍，就是清涼的夏季必備點心。

Photo & text: Natsuko Ishikawa

小暑

七月二十二日

享受左京區的文化活動

就算沒在京都住多久，也能察覺左京區在京都是一個稍微獨具一格的文化圈。這裡有很多獨立書店、雜貨店、咖啡店，處處充滿藝術、文學、音樂等濃厚的文化氣息。

而「左京樂園」（Sakyo Wonderland）就是在左京區主辦的大型活動之一。當我為了映證「左京人的髮型跟服裝都很特別」的印象，走進岡崎公園的活動現場時，看到邊打著非洲鼓邊跳舞的群眾、只賣菇類物品的店家，這些景象簡直不可思議又可愛極了。我這才意識到，所謂的左京文化，就在於不在乎他人目光，以自我表達為主軸……。或許，容許人帶著些許偏見與嚮往去一窺究竟的左京文化，也是這項活動的獨特魅力吧。

Photo & text: Miwa Homma

大暑

七月二十三日

漫步欣賞巷弄間的盆栽

沿著牆壁排列的盆栽。我喜歡一邊想像種植者的樣子，一邊漫步欣賞在巷弄之間。每當看到同樣的花朵出現在同一條小巷中，我總會想著：「是不是和鄰居分享了花株？」而看到素燒盆旁邊，擺放著種植牽牛花的藍色塑膠花盆時，就心生「要放暑假了啊～」的念頭。

我喜歡藉著東想西想來獲得樂趣。很多人家會用玄關的盆栽來融入街道背景，讓我不住發出「也太美了」的讚嘆，其中有好幾間住宅是我特別期待路過的。雖然不好意思一直盯著看，但我會儘量放慢騎自行車的速度，來將美景刻劃在心。這株牽牛花從小小的盆栽中長出，卻連續幾週不間斷地開花，讓我真想問問是怎麼養的。翠綠且茂盛的葉片，美到足以令人忘卻夏季的酷熱。

Photo & text: Mitsuko Morishita

SUMMER

171

365

大暑

七月二十四日

玉米和青蛙

夏天正式來臨。我們一邊守著田地一邊擔心春天種下的玉米會不會被鳥吃掉，或被蟲子吃光？像去年的巨大損失，讓我們只能無奈地將就吃下玉米筍。雖然玉米筍很甜，炸成天婦羅非常美味，但因為家裡只種了一點點自用，剝開後發現能吃的部分少得令人驚訝，想想付出的勞力，不禁嘆了口氣。當初作為業餘愛好，閒暇時經營菜園的時間越長，我越尊敬那些農家。今年我們和共享菜園的朋友一起加裝了柵欄和網罩，想盡辦法將損失降到最低。

當我大清早計算著收穫和農損的臨界點，滿身大汗地前去查看菜園時，看到在大片葉子之間，有隻靜靜窩在露珠上的青蛙。看著那無所畏懼又可愛的身影，我心想，或許這也是經營菜園的一種醍醐味。

Photo & text: Natsuko Ishikawa

大暑 七月二十五日

梅乾與梅子醋

花背地區的居民，會在自家土地上種植各種能在不同季節收穫的果樹，當中也有許多梅樹，人們會將六月梅雨季採收的梅子用鹽醃漬起來存放。到了七月，則放入鮮採的紅紫蘇，等待梅雨停歇。然後選梅雨停後的三個晴天來製作梅乾。將飽滿軟嫩的梅子放在竹簍上曝曬陽光，適度蒸發水分之後，果肉表面會產生皺折並更加紅艷。曬乾後，梅乾和梅子醋要分開保存，梅乾要繼續醃漬到適合食用的時候，而梅子醋能立即在平日烹飪中派上用場。因為含有鹽分、鮮味及酸味，極適合與橄欖油混合成油醋醬，或直接灑在煮熟的飯上做成梅醋飯。此外，由於夏天盛產茗荷，我也很喜歡做成梅醋醃茗荷來享用。等到嫩薑上市的時期，就將嫩薑浸泡在梅醋中，作成「紅薑絲」來長期保存。

Photo:Kenji Sadakane / Text:Yuki Egusa

SUMMER

173

365

大暑

七月二十六日

下鴨神社的御手洗祭

在下鴨神社的御手洗祭，人們會把腳泡進御手洗川的清水中淨化身體。祭典會在土用丑之日前後舉辦，無論是小孩或大人，都會以享受納涼的心情前往。將腳放入水中，涼爽的冷水會令人忍不住驚叫出聲。在祭典中點燃蠟燭，祈求一年無病無災。上岸後喝下神水，更能感到一陣神清氣爽。由於水深落在膝蓋附近，所以要慎選服裝。我有一次不小心穿了長褲，費了不少力氣才捲起褲管。隨身物品也要盡量精簡。

「御手洗糰子」象徵御手洗川湧水冒泡的形象。御手洗祭中，會在臨水的小神社「井上社」（御手洗社）供奉御手洗糰子。參拜完後，也可以到門口的加茂御手洗茶屋就近享用。而外帶時的包裝紙上，則有描繪下鴨神社的圖案。

Photo & text: Aki Miyashita

大暑

七月二十七日

敞開身體的季節療法

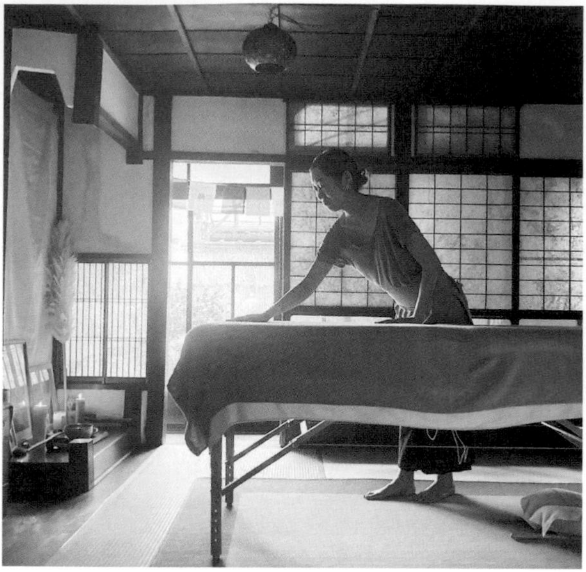

在夏土用或冬土用（按：夏土用為立秋前十八天，冬土用為立春前十八天）等季節更迭時刻，或因忙碌而忽略身體照護，以及持續性繁忙而擔心健康狀況時，若有個能固定前往療癒地方，會格外令人安心。二条站附近，「ＳＵＡ」的店主兼治療師大谷百世女士，能從各方面提供支援，讓你的生活更加健康美麗。ＳＵＡ提供能量美容（EnaBeauty®）、精油護理、西藏傳統醫學的Kunye按摩、溫灸和拔罐等多種手技療法，甚至幫忙解決女性特有的煩惱。所供應的手工釀造當季酵素果汁，能帶來安心感的混合香料也很受歡迎。人類與季節和大地的連結，向來比自以為的更加深刻，所以一旦展開閉鎖的身體，能夠和緩綿長地呼吸時，會格外神清氣爽，湧現出滿滿的生的力。

Photo & text: Natsuko Ishikawa

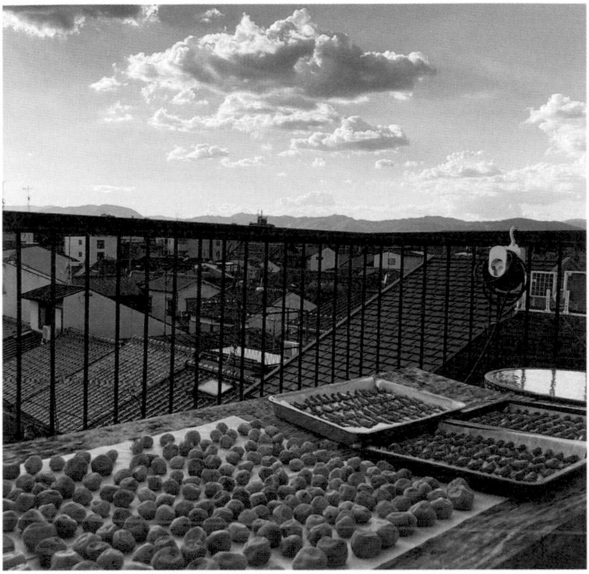

大暑 七月二十八日

炎熱夏季的乾燥蔬菜

受到群山三方環繞的盆地地形，導致京都市區的氣溫和濕度偏高，夏季簡直是熱上加熱。尤其是七月到八月的京都，白天經常熱到無法在外面行走。

夏天蓬勃成長的蔬菜，如番茄、小黃瓜、櫛瓜、茄子等，會不斷從我們位於丹後的自家菜園送過來。

我會充分利用來自太陽的能量，盡可能把蔬菜切得很薄，然後鋪開來曬乾。大約三個小時就會達到半乾狀態。

乾燥蔬菜食用起來不僅味道更濃縮，也更容易運用在料理當中。而且不但容易保存，也更添營養價值！真是個環保的優質選項。善加運用夏天的炎熱，花點心思吃到實在的美味也很重要呢。

Photo & text: Naho Masumoto

SUMMER

176

365

大暑

七月二十九日

增添夏日風情的竹簾

京都是被三面山脈所圍繞的盆地，夏季的悶熱遠近馳名。能緩解這份酷暑的古老智慧之一，即為京都竹簾。你能在大街小巷的各個角落，遇見垂掛竹簾的風景。除了遮擋陽光，從潑了水的地面帶來涼風，而且營造出一股獨特的「京風情」。

竹簾的透光性強，但卻無法從外頭看到室內，有時甚至能醞釀出一種神秘感。它來自古時候宮廷貴族等地位較高的人們，用來為室內隔間或遮擋陽光，以流蘇或紡織品裝飾的「御簾」，後來慢慢改變型態廣泛流傳於民間。在充滿神社與寺廟的京都，現在仍可以看到許多這樣的御簾。

京都竹簾，是一種能夠在視覺上緩解夏季炎熱氛圍的傳統工藝品。

Photo & text: Teruki Ishibashi

SUMMER
177
365

大暑 七月三十日

源自德國的京都史坦納教育

我女兒曾參加過位於出町柳、靜原、門前和大阪茨木市的京都史坦納教室，這是一個專為學齡前兒童和小學生設計的教育課程。源自德國的史坦納教育，不僅關注腦部發展，也注重活用心靈與身體，透過藝術課程來培養孩子獨立思考的能力。課程從使用布和礦石的接觸體驗開始，然後用蜜蠟製成的蠟筆畫出淡淡的輪廓，接著由老師口述故事。不使用繪本，而單純通過聆聽來想像。這一連串活動宛如呼吸，靜和動交互進行，自然地推進流程。在夏天，孩子們可以從彩色渲染畫中感受三原色之美；到了聖誕節，則在待降節時，用冷杉樹枝做出螺旋形的道路，然後拿著點亮蜜蠟蠟燭的蘋果，莊重地行走其中。相信每一個活動都會如同燈火般，在孩子們的心中點燃，持續照亮他們吧。

Photo & text: Eriko Ueda

大暑 七月三十一日

上賀茂的蔬菜銷售

在京都，有時會看到店家將蔬菜裝載在小卡車後面，直接提供販售的光景。在我經營的「草與書」前面，也有一位阿姨每週會有兩天開著小卡車來賣菜。她會在附近販賣早上新鮮現採的蔬菜，真是一個令我相當開心的銷售管道。

小卡車上能買到許多當季蔬菜，但有時也會出現形狀不佳，或者外觀些微裂開的蔬果，雖然阿姨知道我不在乎蔬菜外觀，但她有時會將這類無法當作商品的蔬菜送給我。夏天的賀茂茄子、番茄、黃瓜比較容易變形，因此我也時常收到這些蔬菜。賀茂茄子的果肉柔軟美味，與番茄稍微燉煮之後，就會搖身一變為美味的義大利麵食材和醬料。

Photo & text: Nao Daimon

SUMMER
179
365

大暑 八月一日

暑假的避暑勝地，美山

美山在京都車站往北駕車大約一個多小時之處。那裡比市區涼爽許多，河面寬廣，河水即使在盛夏也清涼無比。

首先，這裡有販售美山高原上種植的新鮮蔬果、樹苗及名產，還有用美山牛奶製作，引人垂涎三尺的義式冰淇淋和布丁。所以要趕在售完之前抵達休息站「美山休憩廣場」附設的商店「隨心美山」（ふらっと美山），以免向隅。而往福井方向駕車約二十分鐘，可以在嘗到獵人團隊「一網打盡」為了減少獸害問題，而開的餐廳「悠悠」（ゆるり）內嘗到由獵人捕獲的新鮮野味。住宿一天僅限一組客人，在茅草屋頂和涼爽蚊帳過夜實為珍貴的體驗。料理包括當季山菜、美山的天然香魚、松茸等自然美饌。許多人會專程預約來此用餐。

Photo & text: Natsuko Ishikawa

大暑

八月二日

重森三玲最後的庭園

供奉酒神的嵐山松尾大社，有重森三玲最後完成的三個庭園。

其中之一是「曲水之庭」。該庭園以平安時代的曲水宴為主題，是重森三玲作品中罕見使用水的設計。他選擇多種不同的石頭以混凝土固定，打造出河流的樣貌，成為一個充滿現代感的庭園，它不僅大膽地表現出河流曲線之美，也使人感到十分細膩。除了夏天避暑之外，神社在三月三日女兒節，會舉辦「漂流人偶」儀式，雅樂的音律隨之流動，每年吸引許多遊客前來祈求身體健康、避邪除厄。

重森三玲過世已四十九年，不斷追尋嶄新挑戰的藝術家，作品也令人深刻體會到何謂「永遠的現代」，這也是他常用的詞彙之一。

Photo & text: Teruki Ishibashi

大暑

八月三日

京都的夏宴在入夜後

京都是個盆地，從夏天到初秋的白天都非常熱，所以建議傍晚再出門。我常走的路線是入夜後沿著鴨川散步，感受溪流的涼意。先斗町和木屋町的黃昏時分，柳樹隨風搖曳，光是看著就令人感到清涼。我喜歡的店通常在二樓或三樓，可以一邊觀賞往來人群，一邊享受著寧靜時光。許多店家都會放些美術書或寫真書，一個人的時光也能過得很充實。

夏日夜晚特別長，可以去適合想事情的地方、填飽肚子的地方、享受酒精的地方，一連造訪兩三家店，一天的時間似乎也增加了兩三倍，有種賺到的感覺。假如是來京都觀光想在晚上想續攤時，不妨請光顧後覺得喜歡的店家推薦下一間店，這樣馬上就能找到自己偏好的店家。

Photo & text: aromateabase

SUMMER
182
365

大暑 八月四日

京都的家具工房巡禮

原木製的家具與餐具，其觸感和隨著時間變化的美，越用久就能越融入生活，產生一股獨特魅力。京都有許多出色的展示空間，可以一邊欣賞，一邊觀光及享受自然。位於京北的「山之家具工房」，不論是工房及畫廊皆由店主親自改建，販售日常生活中最重視的家具、廚房用品等等，店內有孩子跟大人都喜歡的大型圖書空間，庭院裡飼養了可愛的山羊。另外，還有一家「WASHITAKA工藝」位於以光悅寺聞名的鷹峯區，是一家以杉木和檜木為主材料的家具工房，以展示柔軟的木質家具為主，附近還有河流，也適合做個森林浴。生活藝廊「Knot」也將在京都市中心堀川通上的大樓重新開幕。預計設置許多適合榻榻米的家具，以及其他有緣藝術家的作品，真令人期待！

Photo & text: Natsuko Ishikawa

大暑

八月五日

尋找異國口味的隱藏名店

與下鴨神社相連的糺之森附近，有一家只掛著白色暖簾，既像隱藏咖啡廳又像酒吧的「yugue」。在柔和燈光之下，店主播放的音樂讓人心情舒適，彷彿時間消失了一樣，光是待在那裡，心情就會不可思議地變得單純，且十分放鬆。那裡提供的料理也十分美味，令許多顧客無法自拔、一去再去。那帶著異國風味，從皮開始製作的水餃，以及撒上香菜、高湯相當出色的越南河粉。還有店主會為每天早上烤的貝果提供烤蔬菜、鹹豬肉、乾番茄、酪梨等配料，總讓人猶豫不決要選什麼來當夾心佐料……，還有不是「下鴨神社」，而是「下鴨薑汁」的汽水，為喉頭帶來舒爽無比的刺激感。有時還會有現場表演，每晚都會有許多人聚集而來，享受聊天、吃吃喝喝的時光。

Photo & text: Eriko Ueda

SUMMER
184
365

大暑

八月六日

我喜愛的塊根植物

這個塊根植物「韋諾薩千金藤」，是我在「草與書」開業時收到的祝賀禮物。當初被問到「想要什麼祝賀禮？」時，我指定了之前在中意的植物店看到後就一直想要的植物。

冬季期間，葉子和藤蔓容易枯萎，只剩下如同大馬鈴薯的塊根。由於不太耐寒，所以會盡量放在室內。當春天來臨，天氣稍微變暖時，我就會把它放到庭院外廊。初夏時，塊根會冒出黃綠色的小芽，到了盛暑時分，藤蔓會長到驚人的長度，冒出許多可愛的葉片並且開花。這是我個人極為喜愛的植物。我也很喜歡其他塊根植物，室內有放置一些。這些植物不需要經常澆水，照顧起來相當輕鬆。

Photo & text: Nao Daimon

秋

八月七日≪十一月六日

當夏季熱氣逐漸和緩，
自然豐饒的田野
迎來收穫新米和黑豆等作物的季節。
秋之味的栗子採收和柿餅製作也盛大進行著。
九月有祈求長壽的重陽節句，以及中秋明月。
十月則是熱鬧的時代祭。
不論山間或城市，都將被楓紅妝點得多采多姿，
迎接寒冬的準備工作也開始了，
感受循環不已的四季變化。

立秋 八月七日

盂蘭盆節就從「六道參拜」開始

盂蘭盆節，由六道參拜揭開序幕。每年的八月七日到十日之間，人們會去六道珍皇寺參拜，敲響迎鐘，迎接祖靈（祖先）。據稱此處是人間與彼世的邊界，鐘聲能夠傳到彼世，召喚祖靈前來。盂蘭盆節期間，會以精進料理（素食）來供奉先祖。雖然要每天花心思用蔬菜、豆腐、炸豆皮等食材做出不同料理，卻意外地有趣。

和菓子店的櫥窗也會張貼出供品的推薦清單，第一天是白麻糬、恭迎糰子、蓮花糕，第二天是萩餅，第三天是白蒸（蒸熟的糯米），第四天是恭送糰子，每天都會替換。從前由祖母進行的準備工作由母親接手，現在我也跟著一起做。盂蘭盆節的結尾是五山送火。明年見，我在心裡說著這句話恭送祖靈離開。

Photo & text: Aki Miyashita

AUTUMN

186

365

立秋

八月八日

觀察「鸕鶿捕魚」的主角

關於在宇治散步的看點，我認為宇治川觀光的重頭戲，就是自平安時代以來就存在的傳統活動「鸕鶿捕魚」。沿著宇治川步行時，你能發現這項活動的主角——鸕鶿的籠子。日本有兩種鸕鶿，分別為川鵜和海鸕鶿，但實際上這裡參與捕魚的鸕鶿，是來自海邊的海鸕鶿。為了捕魚活動，牠們在茨城縣的鵜之岬被捕獲後送到京都。據說海鸕鶿的性格較為溫順，也不太怕人，即使靠近籠子，牠們也會專注地繼續整理羽毛，不以為意。這大概是牠們在傍晚上班前的休息時間吧。由於鸕鶿捕魚是在河中進行，所以想要近距離觀察鸕鶿時，留意沿岸這些籠子或許會是個好主意。近年來，似乎也有增殖的跡象，所以如果時機剛好，也許能看到被暱稱為「Utty」的珍貴小鵜鶘。

Photo & text: aromateabase

立秋

八月九日

柴漬和生柴漬

京都北部山區的柴漬，是一種只用茄子、紅紫蘇和鹽發酵而成的乳酸菌漬物，其中以大原的柴漬最為出名。在京都市區和其他縣市販售的柴漬，大多是浸泡在調味液中，風味及口感略有不同。因此，使用調味液的會被標示為「柴漬」，天然發酵的則會標示成「生柴漬」。

大原主要使用茄子和紅紫蘇，但花背則有許多家庭會加入茗荷，通常會在盛產茗荷的夏末時進行醃漬作業。除了茗荷，也有家庭會加入小黃瓜等蔬菜，每一家的製作方法都略有不同。

每年夏天，大家會聚在一起摘下紅紫蘇葉，將茄子切好來醃漬。以乳酸菌發酵的生柴漬，風味或許比較特殊，但色澤鮮豔，滋味豐富且獨具層次。

Photo: Kenji Sadakane / Text: Yuki Egusa

AUTUMN
188
365

立秋

八月十日

迎接祖先，恭送祖先

我和女兒一起敲響迎鐘，迎接祖先回家。我家附近的禪寺「大本山妙心寺」，會在八月九日和十日舉行迎接祖靈儀式。這是一個通過敲響迎鐘，將祖先的靈魂從彼世迎接至人間的儀式。在法堂前會搭起帳篷，由和尚在水塔婆（按：一種用於供養死者亡魂的小型薄長木片）上寫下祖先的戒名，接著交給法堂的和尚，來念誦並進行供養。完成點燈和敲響迎鐘後，我小女兒最期待的活動，就是在夜市撈彩球以及玩水果糖轉盤，今年她也玩得不亦樂乎。

京都有許多傳承已久的古老習俗。十六日夜晚，隨著五山送火的大文字浮現，祖先們會返回彼世。夜晚的街道，將因為獻燈和提燈的光芒照亮得燈火通明，呈現出幻象般的景致。

Photo & text: Tomoko Tsuda

AUTUMN

189

365

立秋

八月十一日

「海之京都」的享樂法

「京都有海嗎？」

雖然「海之京都」的口號現在已經廣為人知，但這句話確實是外地人過去常問的問題。從市區大約駕車兩個半小時，就可以抵達位於京都府北部面朝日本海，海景山景皆美不勝收、自然景觀豐富的丹後海邊。那裏有許多澄淨白沙與透明度高的海水浴場，許多未經開發的區域仍保留著原始樣貌。

附近也有不少大眾溫泉，可以在玩水之後去泡個溫泉，就算是當天來回也能輕鬆享受。海邊不僅是游泳的好地方，光是聽聽海浪聲、在附近散步、望著大海垂釣一整天，或只是看著夕陽沉入海中，都非常療癒身心。

近年來，隨著移居者越來越多，丹後地區也變得越來越有魅力了。

Photo & text: Naho Masumoto

立秋

八月十二日

在糺之森與書相遇

在世界遺產下鴨神社糺之森舉辦的「納涼下鴨古書祭」，已成一幅夏日風情畫。盛夏的盂蘭盆節期間，訪客能在綠蔭下乘涼兼閱覽書籍，是深受愛書人喜歡的活動。甚至成為森見登美彥《春宵苦短，少女前進吧！》這本小說的故事舞台。

各地的舊書店來此設立整排攤位，從容易入手的文庫、雜誌、繪本，到專業書刊、珍貴古籍、舊版畫和古地圖等，琳瑯滿目，越看越被深深著吸引住。你能在此享受偶然的邂逅，或有目標的設定搜尋主題也不錯。從孩子、學生到年長者一同投入書本中，這點讓身為愛書人的我很高興。不常去舊書店的人，不妨抱著尋寶的心情來參加看看。活動在八月十一日至十六日舉辦。秋季的古書祭則會在京都大學旁的百萬遍知恩寺舉行。

Photo & text: Aki Miyashita

AUTUMN
191
365

立秋 八月十三日

開業三百年的數寄屋造蕎麥麵店

「可以推薦京都的餐廳嗎？」每當收到這種請求，我一定會介紹的就是「河道屋晦庵」。這間位於麩屋町通三条的京都老字號麥麵店，從江戶時代開業至今已約三百年。

店鋪由上上一代的第十四代所建，深具京都特色的數寄屋造中還有一個小庭院。掀開暖簾，循著引導石板路前行，打開和室門進入室內後，這個散發著凜凜風範的建物，彷彿流動著與一般市井迥然不同的時間。坐上塌塌米，菜單上添加了新茶季節才有的茶蕎麥麵，讓人靜下心來舒緩地享受。倒也不難想像，知名人物如大衛．鮑伊、黑澤明、史蒂夫．賈伯斯等，都曾造訪過這家店。

附近還有一家只賣蕎麥餅乾的店，也滿溢著濃厚的京都意趣。

Photo & text: Mikiko Toshima

AUTUMN
192
365

立秋

八月十四日

刷新美學認知的傳統住宅

從京都市區開車一小時，一路穿過質樸的鄉村風景，就能抵達南丹市美山町，來到擁有一百五十年歷史，由兩棟壯觀傳統建築並列的「美山茅草屋美術館」。從餐具、衣物、生活雜貨等各式散發著民藝精神的珍品，到新銳藝術家的作品，一應俱全。上到二樓，樑和屋頂近在咫尺，則有令人驚嘆的茅草屋結構。旁邊的鄉土資料館，整個空間擠滿了古早農耕機具及生活用品，讓人看到忘卻了時間。一回神才發現，孩子們全神貫注地盯著兩棟房子之間的小池塘。好奇猜想他們在看什麼，結果發現是隻紅腹蠑螈。美山的高遠天空、清新空氣、小小器具中隱藏的匠人精神、充分用過的生活道具、蠑螈腹部鮮紅色……，都讓人不住在歸途上陷入「美是什麼？」的思索當中。

Photo & text: Miwa Homma

AUTUMN

193

365

立秋

八月十五日

鴨川與野鴨搬家

有鴨子四處漫步的京都。一到這個季節，鴨川沿岸隨處可見惹人憐愛的野鴨身影。許多人以為因為是鴨川才有很多鴨子，但據說鴨的語源，源自早在平安時代前就治理此地的賀茂氏（有諸多說法，但日文中「鴨」和「賀茂」同音）。

鴨川沿岸有大片草地和沙地，不像柏油路會高溫發燙，因而成為鴨子們散步的好地方。鴨群搬遷的景象經常可見，牠們會從鴨川移動到附近寺廟、神社的池塘或護城河。也許是習慣被拍照了，當我想拍攝鴨群通過的模樣時，牠們居然整齊地列隊前進，讓我順利拍下想要的畫面。鴨子們很明顯早已習慣與人類共存的生活了。光是鴨子能自由自在地橫越道路這點就能感受到，京都居民在時間與心靈上的寬裕與從容。

Photo & text: aromateabase

立秋

八月十六日

根據生產者而非品牌來挑選的肉品

食材的世界深不可測，即使有錢也不一定能遇到上選食材。無論是蔬菜、魚還是肉，都需要值得信賴的專業人士來把關。

位於北山的「南山」，就有一位性格強烈的肉品專家。他不會根據品牌或等級來挑選肉，而是根據生產者和飼養方式來採購肉品，是家獨具特色的肉商。店主曾在法國修業，從信賴的生產者那裡採購大塊帶骨肉，然後在自家公司進行熟成、手工切割的步驟。憑藉著精確的技術，能最大限度地發揮牛隻與肉質的潛力，並掌握大量資訊，以確保肉品處於最佳狀態。

顧客可以在直營的燒肉店中享用肉品，也可以現場選購，自行帶回家烹飪。這位志在推廣品肉樂趣的珍貴夥伴，就在京都北邊。

Photo & text: Yuki Homma

立秋

八月十七日

「恰到好處」的綠洲

「沒地方可去就到京都ZOO」，這句口令幾乎成為親子家庭的強大後盾，我都數不清究竟去過幾次京都市動物園了。

首先，成人票七百五十日圓，國中生以下免費的良心票價，大大降低了重複到訪的門檻。真不愧是市營機構。更別說那恰到好處的規模了。如果園區太大，父母最後會累到動彈不得，但現有規模很適合跟孩子一起跑來跑去，喊叫著「是老虎！」、「是大象！」而且看點很集中。而少數幾個較分散的賞區能帶給孩子一股探險感，絲毫不覺無聊。

離開動物園時若還有時間，可以到旁邊寬廣舒適的岡崎公園，以及蒐羅了各種獨特書籍的蔦屋書店晃晃，享受另一種樂趣。想回家時能立刻搭公車回家。啊～一切都如此恰到好處。

Photo & text: Miwa Homma

AUTUMN

196

365

立秋

八月十八日

山泉水

我家廚房一開始就有兩個水龍頭。一個是自來水，另一個是山上的山泉水，花背地區有兩個水龍頭的家庭似乎不少。有些家庭會依不同用途使用自來水和山泉水，有些家庭只用山泉水或只用自來水。山泉水在夏天很冰涼，冬天帶著些微暖度，但重點在於水質的甘甜度。

花背峠也有汲水點，有些人認為「非這裡的水不可」而特地從遠方來取水。但大雨過後往往導致水質混濁，停水時甚至必須前往山區辛苦地維修，因此最近有不少人家改成只用自來水。

許多家庭會讓山泉水持續流入自家庭院，保留清涼的水聲及視覺效果，成為家中狗兒和鴨子的遊樂場。

Photo: Kenji Sadakane / Text: Yuki Egusa

立秋

八月十九日

在文化財的名湯享受晨浴

京都市內超過百家的澡堂中，位於北區的「船岡溫泉」是極富知名度的名湯。大正時代建造的建築，以及內裝的瓷磚及木雕工藝，都豪華得令人嘆為觀止。這裡也被指定為「國家登記有形文化財」，光是欣賞建築物本身就值得到此一遊。

我通常只在週日造訪。這是少數幾家從早上八點就開放的澡堂之一。浴室空間是普通澡堂的兩倍以上，浴池相當大，數量、種類也很豐富。在寬敞的浴池中，我瞥了一眼樂得像在游泳池悠游的孩子們，起身去交替浸泡高溫池和冷水浴，這是只屬於我的週日秘密儀式。

能一大早在文化財的名湯裡流流汗，或許是二戰中倖免於戰火的京都，所獨有的奢侈享受吧。

Photo & text: Yuki Homma

AUTUMN

198

365

立秋

八月二十日

從屋頂愜意地俯瞰鴨川

每逢夏天，鴨川附近的大樓屋頂就會開放啤酒花園、燒肉店、酒吧等店家。有朋友曾邀請我去屋頂參加烤肉或派對活動。即使是酷暑高溫時期，鴨川沿岸的屋頂因為有風吹過，感覺特別舒服。讓我深深覺得「鴨川納涼床」真有其自古存在的意義。從鴨川東側的大樓屋頂上，人們看似陶醉地俯瞰沿岸體驗季節風情。這或許是京都盛夏才能享受的樂趣。

雖然到了五月左右，鴨川納涼床和屋頂店家就會開始營業，但五、六月的夜晚還有些許涼意，加上河邊風偏大，我甚至曾向店家借條毯子披蓋在身上。我總覺得能在炎熱夏日享受涼爽快意的時光，其實意外地短暫。

Photo & text: Nao Daimon

AUTUMN

199

365

立秋

八月二十一日

從二條城建築感受先人智慧

京都觀光景點中，名列世界文化遺產的二條城深受遊客歡迎。穿越過佈滿華麗彫刻和金工藝的唐門，六棟斜向連接的二之丸御殿就映入眼簾。這六棟宏偉莊嚴的建築被稱作雁行形建築，形狀如同飛翔的雁群，透過前後交錯的設計，確保每棟建築的採光與通風，這似乎是因應日本夏季潮濕的生活樣貌而產生的建築風格，深刻反映了先人智慧。

由於是雁行形建築，內部存在許多視線無法觸及的死角，不禁讓人充滿好奇，想一窺「那些隱約可見的角落，究竟長什麼樣子……」庭園和狩野派的障壁畫也格外精緻，無論參訪多少次都看不完。在這裡能深刻體驗、品味日本傳統之美及傳承的智慧。

Photo & text: Teruki Ishibashi

立秋

八月二十二日

在街角綠洲品嚐義式番茄冷麵

寺町二条的南東角隱秘處，有一間過去至今不變，與其說是義大利餐廳卻飄散著喫茶店風情的全天候營業舒適店家「Tramonto」。在你錯過午餐的日子，是令人感激的好所在。

菜單上不只有成排羅列著常見料理，還有隨季節替換食材的時令義大利麵，所有菜色既平易近人又美味，讓人難以抉擇。夏季限定的「番茄天使髮麵」，讓我每逢炎夏就特別想品嚐。完美去皮的番茄搭上沁涼的義大利，舒緩了沾滿外頭熱氣的身體。若時間上有餘裕，不妨配上一杯白葡萄酒，或在餐後享用甜點和咖啡。無論是獨自前來或攜伴光臨，都令人稱心這點或許是受歡迎的秘訣之一。老闆和老闆娘的有趣對話，甚或窗外可見的貓咪和鴿子，這裡是城市中的一片綠洲。

Photo & text: Naho Masumoto

處暑

八月二十三日

重新染色的割烹服

我很愛每天穿著割烹服。以前時常穿著圍裙工作，但大約十年前，我向一名洋裝設計師請教，請她幫我做了一件割烹服。由於穿著舒適又很方便行動，所以從此我幾乎每天都會穿。包括在料理教室等外出時穿的，以及我自己作的，現在加起來共有五、六件。但因為每天穿難免會弄髒，又覺得不能一直訂做新的，所以我帶著現有的割烹服，去拜託花背的染色工藝師幫忙重新染色，繼續穿下去。割烹服既好穿又方便作業，不會給肩膀帶來負擔，袖口也不容易髒，而且可以覆蓋住整個身體前半部，冬天時還很暖和。另外，由於比較容易製作，它在我開辦的手工縫紉會上也很受歡迎。當一個人選用喜愛的布料，自己製作或染色，然後持續使用，就會漸漸對手工製品產生感情。

Photo: Kenji Sadakane / Text: Yuki Egusa

AUTUMN

202

365

處暑

八月二十四日

火炬競技「松上」

「松上」是一項在山區舉行的愛宕神事，用以祈願無病無災、五穀豐收。在大型廣場上設置了無數的火炬，首先要為這些火炬點火。隨後人們會像投籃那樣，朝著高達二十公尺的大籠子投擲燃燒的火炬。那種高度真的能投進去嗎？雖然有些懷疑，但每當有人成功投進，現場便會響起熱烈喝采，大籠子燒起來並且被推倒之後即宣告結束。在廣河原甚至會有更熱烈的活動，人們會用大圓木從兩側撞擊燃燒的籠子，使其冒出壯觀的火焰，重複數次之後，活動才算圓滿收尾，而當地女性會在附近的觀音堂跳著「呀颯舞」，響起陣陣富有節奏的木屐聲，與此同時，參與完祭典的男性也會唱著「伊勢節」加入她們。這舞蹈場面極具吸引力，已被登錄為重要無形民俗文化財。

Photo: Kenji Sadakane / Text: Yuki Egusa

處暑

八月二十五日

黃昏之後是當地人的時光

這段白日仍然炎熱的時期，我會選在黃昏時刻出門散步。儘管岡崎地區白天總是吸引了大批遊客來訪，不過一日等到夜幕低垂，就是當地居民悠閒享受的時光了。

放學回家的小學生玩起踢罐子遊戲，而那些白天因為太熱而沒有人坐的咖啡店外用區，此時也有人坐著閱讀，或者從附近店家外帶窯烤披薩回家，邊喝著紅酒邊品嚐，各有不同享受。

平安神宮的大鳥居高達二十四公尺，與具有歷史價值的京瓷美術館形成鮮明對比，兩者已成為這個區域的象徵。看著建築物輪番亮起燈光，悠然地享受夜幕低垂時刻，就是岡崎地區居民的生活風格。

Photo & text: Mikiko Toshima

處暑

八月二十六日

讓土壤重獲新生

在熱到不行的盛夏三天內，我們家面對庭院的和室下方積了水。但我們沒有選擇簡單挖個洞來排水，而是根據周遭的土地環境，創建了一條順應自然的水道，使得整個住家周圍實現了水與風的循環。

這項土地重生工作，是委託福知山的「杜之匠」來完成。他們在後山挖掘出來的水道上鋪了許多能過濾泥水的笹竹和碎石，並撒上稻殼炭及稻草，藉此創造水流空隙、打通水脈。由於竹子特別耐水，烤過之後會形成恰到好處的空洞，因此我家周圍生長過多的竹子也發揮了重要作用。在鋪了砂礫的地方，他們再度撒上來自樹枝發酵的有機物，等待草木生根吸水。住家附近的土地開始呼吸，水緩緩流過，也帶動微風輕拂。

Photo & text: Eriko Ueda

處暑

八月二十七日

孩子們能安心玩耍的御所

跟媽媽朋友和小朋友們出遊的首選地點，就是京都御苑。像是乾御門不遠處有一個兒童公園，禁止車輛和自行車通行的環境令人充滿安心感。某個如秋晴般的星期日，四處玩耍的孩子們突然被一位吹泡泡大叔吸引住了！他將繩索泡進肥皂液，往上一揮，大小不一的泡泡飛向空中，引發一陣騷動。孩子們活力全開的笑臉和歡呼，伴隨著飄浮的泡泡一同左搖右擺，彷佛置身天堂。京都御苑境內，不僅有這座兒童公園，還有賞櫻賞梅賞桃花的名勝，可以戲水的「出水小川」，森林圖書館「森之文庫」，以及販售紀念品的「中立売休憩所」。這裡也有停車場，是能讓京都居民愉快度過一整天的休閒地點。附帶一提，儘管當地人習慣隨口說著「就去御所吧～」，但正式名稱其實是京都御苑。

Photo & text: Natsuko Ishikawa

AUTUMN

206

365

處暑

八月二十八日

京都的商家及選校習慣

從平安遷都到明治初期將近千年之間，京都作為日本的政治、經濟、文化中心，持續不斷發展，至今「古都」仍作為這座城市的代名詞而廣為使用。在這裡住了三十年的我，依然無法完全擺脫「外地人」的意識，不禁好奇真正「土生土長的京都人」需要追溯到幾代之前？這些「京都特有現象」，真是相當有趣。

在京都，家裡有做生意的父母傾向讓子女進入同志社大學體系就讀，透過家長間的關係深化交流，並將這些人際關係運用在往後的生意上。記得第一次聽到這種做法時，我嚇了一跳，留下深刻印象。

不僅是學業，家長的期望和傳統，都體現在栽培未來繼承者與社交關係上，這或許是小型地區一種長期經商的必要手段。

Photo & text: Natsuko Ishikawa

處暑

八月二十九日

日法會館舉辦的「Le Marche」

這一天，百萬遍知恩寺附近的「INSTITUT FRANÇAIS關西日法會館」舉辦了「Le Marche de l'Institut」活動（按：由於每月僅週日舉辦，故推斷本篇文章指涉的日期發生在二〇一八年）。現場陳列了許多新鮮蔬果，令人彷彿融入法國人日常十分仰賴的市集（marche，朝市）。這裡有許多個性十足的攤商，整個市集瀰漫著閒適又自由的氣氛十分有魅力。許多攤主都是道地的法國人，好像這裡不是日本一樣。剛出爐的麵包、從法國直接進口的紅酒、鮭魚、蜂蜜、新鮮蔬菜及法式前菜拼盤等等。陽光從樹梢灑落，坐在花園和露天座位格外舒適，聖誕節時甚至有現場音樂會及夜間燈飾。活動每個月都會挑在週日舉辦，具體日期可以從官方Facebook或IG確認。

Photo & text: Natsuko Ishikawa

AUTUMN
208
365

處暑

八月三十日

品嘗新鮮啤酒花釀製的手工啤酒

提到京都的手工啤酒，就不能不提到位於千本上立壳的「山岡酒店」。這家店的創立時間，可以追溯於一九二七年，店面設計如同古早時的商家和蔬果店。

這裡有二百多種日本國產手工啤酒，以及八十種從國外進口的手工啤酒。整棟建築瀰漫著懷舊風情，而琳琅滿目的啤酒種類，營造出一股獨特親切感。啤酒通常使用乾燥的啤酒花來進行釀製作業，但從八月底到九月，也會推出以新鮮啤酒花製作的手工啤酒。這種啤酒即使源自同一品牌，卻呈現出更清爽、淡雅的口感。雖然每個人的喜好有所不同，但由於這種啤酒只在這個時期販售，所以許多人會專程來此購買。住家附近能有這樣一間店，實在太令人感激了。

Photo & text: Nao Daimon

處暑

八月三十一日

珍貴的花背峠湧泉

京都地底深處有個會出湧泉的巨大水盆，如今依然是市民在日常生活和料理食物時不可或缺的寶貴名水。任誰都能汲取的地方很多，倘若是在清晨無人時刻前往倒還好，但熱門取水地經常需要排隊，所以對我來說一直是很疏遠的存在。

某天，我經過以天狗聞名的鞍馬寺，前往花背峠途中發現了「花背峠湧泉」。此處的湧泉來自險峻山麓的表層地下水，水質柔和美味。而且因為這裡的道路比較寬敞，也很方便停車。

多虧了生活在森林深處，有如邊境村落的別所和百井地區居民，將與森林共存的生活方式代代傳承下來，才得以保留這道湧泉。近年來，這片秘境的美，吸引了越來越多人移居此地，成為備受矚目的區域。

Photo & text: Natsuko Ishikawa

AUTUMN

210

365

處暑

九月一日

八瀨的戲水之旅

從京都市區搭乘京阪電鐵向北，到出町柳站轉乘叡山電車，抵達八瀨比叡山口站。這裡曾有一座從前市民熟悉的遊樂園「八瀨遊園」，故當時也曾以八瀨遊園為站名，真讓人莫名懷念，而終點站的老式建築也如同一幅懷舊風景畫。車站前方的河畔，每到夏天都吸引了許多家庭前來戲水，是一處熱門玩水景點。比叡山上翠綠的樹木與清澈的河水相映成趣。這裡有不少樹蔭，河水也深淺適中，因而能放心讓小孩玩耍。上游水流和緩，大人也能盡情戲水，或在河邊野餐，車站前有自動販賣機和便利商店。若是偶遇這裡舉辦的市集，那可就幸運了！雖然我們一家人常嘴上常說想去搭看看空中纜車或登山纜車，但最後總是在這個河畔度過一整天。真是個能徹底放鬆平靜祥和的好地方。

Photo & text: Natsuko Ishikawa

處暑 九月二日

想辦法大量消耗萬願寺唐辛子

萬願寺唐辛子是一種京都特有蔬菜，據說舞鶴地區是發源地。這是一種產量相當大的蔬菜，六月到十月之間都屬於收穫期。但一到夏天，氣候讓蔬菜生長速度極快，甚至會發生一天不到田裡採收，就跟不上生長速度的程度。想當然耳，消耗速度也很難跟上。雖然我常常變換烹調方式來端到餐桌上，但吃久了還是會膩。我最近特別喜歡加入鯷魚、孜然和大蒜來作成沾醬，而這個沾醬也可以當作義大利麵醬料，有助於大量消耗蔬菜。

不僅是萬願寺唐辛子，我希望所有精心栽種的蔬菜，都能被完整且美味地吃掉。我個人幾乎不吃非當季蔬菜。因為唯有當季新鮮食材才能配合季節來調整體質，所以要多多攝取。

Photo & text: Naho Masumoto

處暑

九月三日

體驗多姿多彩的藝術活動

京都市勸業館，俗稱「Miyako Messe」（みやこめっせ），這座大型場館頻繁地舉辦許多吸引人的活動及展覽，如：京都國際漫畫、動畫博覽會等等。

數年前，由我主導的藝術團體在大型藝術節「artDive」中參展，意外獲得觀眾票選第一名的殊榮。「artDive」是允許新銳創作者在攤位上自由地展示、發表和銷售作品的藝術活動。從繪畫、雕塑到表演，這裡盡可能地聚集了各種形式的藝術活動型態，而且成功吸引了眾人的目光，我還記得那股被散發著高度藝術熱忱的作品迎面衝擊的強烈感受。

要不要查查「Miyako Messe」近期有哪些活動呢？這裡或許也能帶給你充滿刺激的藝術體驗。

Photo & text: Takuma Oshiba

AUTUMN

213

365

處暑 九月四日

歷經時日熬製的豪華煮

我用去年此時醃漬，又放置了今年整個夏天的「蘿蔔乾」（沢庵漬け，米糠醃白蘿蔔）來做成「豪華煮」（經過刻意燉煮的漬物）。我第一次收到蘿蔔乾時，其獨特氣味讓我不禁懷疑，這東西真的好吃嗎？但好好花二、三天換水去除鹽分，再加入酒、醬油和鰹魚片燉煮之後，口感和風味實在好吃到令人驚訝。

後來，我也想用自製蘿蔔乾來做豪華煮，但因為擔心整個夏天放在常溫下會壞掉，所以還是忍不住放進冰箱保存。到了秋天，再用相同手法來料理，卻發現味道不如之前好。我這才意識到，原來那是一種不在常溫下放過一個夏天就煮不出的味道。

這是需要花上一年才能醞釀的好滋味。

Photo: Kenji Sadakane / Text: Yuki Egusa

AUTUMN
214
365

處暑

九月五日

新米與南蠻味噌烤茄子

我在京都市內與丹後兩個地區之間往返生活。丹後的私家農田也有種植稻米，或許是因為日夜溫差及濕度分明，這裡成為獲得「特A」評價的優良稻米產地。

夏天過去之後到了九月，丹後也比其他地區較早迎來新米的收穫時期。即將收穫的稻田金黃閃爍，每年看著那迎風搖曳的稻穗，都會深深感動。新米新鮮飽滿的口感，每年都令我深深著迷。

幾年前開始，這道「南蠻味噌烤茄子」成為我家每年此時的常備菜，將烤好的茄子放上新米炊好的白飯上，好吃到讓人一碗接一碗吃不停。秋季收穫的茄子最美味，大量製作成常備菜，之後在忙碌時會特別方便，也很推薦冷凍保存。

Photo & text: Naho Masumoto

處暑

九月六日

伊根船屋和海鷗

從京都市內開車到京丹後旁的伊根地區，大約要兩小時。原本是鎖定造訪釀酒廠和品嚐美味的生魚片，但我靈光一現打電話給一間觀光船公司「龜島丸」，他們爽快地回應：「馬上過去接您！」然後還真的直接來停車場接我們。在伊根灣的海面上，建了一排排的「船屋」，一樓是船的停泊處，展現了伊根地區傳統住宅特色。這不可思議的景致，讓人感到些許懷舊氛圍。當觀光船稍微駛離岸邊，工作人員遞來一包蝦餅，吸引了成群海鷗前來。那些隨著船速低飛的海鷗，看起來彷彿靜止在空中，不管我兒子們空投的技術有多差，牠們都能巧妙地接住，這景象令我為之驚嘆，我在現場可能比孩子們還激動吧。在夕陽西沉時分，日落讓水面染上著一片柔和粉紅色，十分美麗。

Photo & text: Miwa Homma

AUTUMN
216
365

處暑

九月七日

享受立飲的愉快季節

京之夏熱到讓我在盛夏時節幾乎不想踏出家門。但從八月底開始，雖然白天還是很熱，但晚上會涼爽一些，外出時心情也比較好。現在也正是能在街頭暢快立飲的時候。到處可見賣酒店家供人在門口立飲，除了酒品專賣店，還有很多風格獨具且受歡迎的立飲店。在戸外吹吹風，邊喝酒邊聊天，感覺特別舒暢。

仁王門通上有一家名叫「新王門」（ニューオーモン）的立飲店，專賣烤內臟，而且每日只營業兩小時。這家店可以品嚐到美味的紅酒，常出現新菜色的多樣化菜單也非常吸引人。路過時，常會看到店外聚集了大批人群，就算想進去也只能好因此作罷。許多立飲店都是小店，受歡迎的店家要選對時機去，這或許也是京都的特色之一。

Photo & text: Nao Daimon

AUTUMN

217

365

白露

九月八日

秋刀魚土鍋炊飯

當鮮亮的秋刀魚上市，最先想到的是鹽烤，再來就是土鍋炊飯。這道食譜原本是料理教室的食譜，如今已成為我們家餐桌上的秋季家常菜。

先將鹽烤秋刀魚的碎魚肉拌入炊飯，再加進一些切碎的炸豆皮和菇類。富含油脂的秋刀魚，會讓米飯充滿鮮味，不需要其他配菜也能大快朵頤。我習慣撒上大量的香辛料來品嚐，淋上一點酢橘汁也很對味。選購時，要盡量挑選雙眼清澈、身型如刀般俐落的秋刀魚，並且盡快料理。

提到秋刀魚，就會想到祇園的老字號京壽司「Izuju」（いづ重），他們的秋刀魚壽司，造型非常類似鯖魚壽司。我總是滿心期待、目不轉睛地盯著那霸氣的擺盤，期許自己有一天也能做出這份佳餚。

Photo & text: Mitsuko Morishita

AUTUMN

218

365

白露

九月九日

妖精所在的喫茶店

從左京區松崎站步行約五分的住宅區之中，有一家裝上大片窗戶，能將寬廣庭園盡收眼底，設置燃木暖爐的喫茶店兼藝廊「花辺」。

如同妖精般的聰子小姐，親手做出美味又可愛、無法歸類到任何國度的各類點心，讓每位來客度過彷彿重返童年的溫馨時刻。花型餅乾中間夾著甜甜果醬、鬆軟的米蛋糕捲、香草奶油抹醬搭配吐司及水果沙拉、當季的聖代和香草茶……。每週二次，令人心情圓滿的麵包店「marupan」（まるパン）會送來當日麵包，而每月也會舉辦一次「熱湯與marupan的三明治日」。店內還有一個稱作野棚的展示空間，不時會舉辦小型展覽，令整間店充滿了驚喜和樂趣。一年一度的庭院市集，總是能吸引眾多愛好者前往同樂。

Photo & text: Eriko Ueda

白露

九月十日

白亞莊的十日市

位於京都大學東側的「白亞莊」，是一棟大正初期建造的教會宿舍。這棟西式建築，至今仍保有住宅區，並部分規劃成辦公室及工作室。這裡原本是個寧靜，且鮮少有機會進入的地方，當插畫家鄉間夢野女士和住戶們決定在此舉辦活動，大家都感到非常有趣，決定繼續辦下去。由於附近的平安跳蚤市集也在每月的十日舉辦，於是成了取名為「十日市」的契機。

參加的成員包括插畫家、陶藝家、針織藝術家、泰式按摩、音流療癒、舊書店、算塔羅牌以及印度拉茶和小吃的專賣店，每一家都非常有特色。即使不是京都當地居民，來到這裡也會有一種融入人群中的感覺。漫步在吱嘎作響的走廊，以及微暗的空間，就像是穿越時空，回到了過去。

Photo & text: Eriko Ueda

AUTUMN

220

365

白露

九月十一日

在美山體驗自然野趣

從京都市內出發，京都府內外能夠遠征的地方多不勝數。唯獨提到「美山」時，不少京都人都會表示「是個特別的地方」。無論在自然還是文化面上，都有種與遠古產生連結的多重魅力，不論何時前往總能有新發現。

在美山北端，鄰近福井縣的山區，有一家名為「田歌舍」的餐廳和民宿。他們自己經營農業、狩獵採集、畜牧和建築，並將每個季節的自然恩惠和生活智慧分享給外來訪客。

你可以在此盡情體驗大自然的美好，享受新鮮食材做成的頂級佳餚，並在璀璨星空下入眠。如果想追求比別處多一點的野趣體驗，特別是帶著孩子的朋友們，我會毫不猶豫地推薦這裡。

Photo & text: Yuki Homma

AUTUMN
221
365

白露

九月十二日

封存丹桂的香氣

已經來到這個季節了嗎？這個看見花朵前，便以香氣宣告存在的丹桂（金木樨），你能在京都御所、哲學之道，以及京都市內的各處發現其身影。

我會細心地摘取每一朵小花，將香氣封存在瓶內。選花時要特別小心，假如花瓣上有洞會比較容易變質，所以我盡量選擇形狀完整的花枝並剪去綠梗，只留下橙色花朵裝進瓶子。這是一項精細的作業，非常耗時，卻也是這個時期才有的樂趣。裝入瓶中的丹桂，倒入酒之後能釀成桂花陳酒，倒入糖水則能製成桂花醬。丹桂花基本上有四片花瓣，但偶爾也會發現三瓣或五瓣的花朵，發現時如同找到四葉幸運草般，帶來一種幸福的感受。將丹桂製成押花，一起放入信件中增添香氣也很不錯喔。

Photo & text: aromateabase

白露

九月十三日

丹波栗紅豆飯

丹波栗的產地丹波，因鄰近古時都城，曾作為宮廷和寺院的獻禮。如今的京都府京丹波町、南丹市、綾部市和福知山市等地，仍然是知名產地。這個品種的栗子甘甜具有黏性，外型飽滿光滑很適合作成和菓子。京都能有許多深受歡迎的栗子名產，如：栗子羊羹、栗餅和栗子萩餅等，或許都要歸功於丹波栗。以紅豆飯聞名的「鳴海餅本店」，會在九月上旬推出加了栗子的版本。店家選用令人欣喜的大塊丹波栗，不少來客會特地前往堀川下立売的本店購買。據說這款栗子紅豆飯，是由第三代店主發明，自大正十三年起首次販售。為了突顯栗子的風味，會故意保留一些澀皮（栗子內層的薄皮）來跟糯米和紅豆一起蒸煮。軟Q的紅豆飯和鬆軟栗子堪稱絕配，是只有秋天才品嚐的美味。

Photo & text: Aki Miyashita

AUTUMN

223

365

白露

九月十四日

登山探訪絕景

人們一看到山就會想攀爬。對小男孩們來說，山岳會是他們想挑戰並試圖征服的存在，這點倒也不令人意外。

京都市北部的左京區，從靜原進入大原地區後的一條小徑上，有座江文神社，若繼續往上爬就是金毘羅山，大約三十分鐘路程，會抵達一座匯集了攀岩愛好者的岩場。

孩子們不理會那些奮力攀岩的人，繼續沿著沒有小路的地方向上爬。當他們回頭看，可以遠遠俯瞰整片京都市景，真是個絕佳的觀景點！即使我們只帶了鹽飯糰，也讓人感覺特別美味。莫約一個多小時的徒步登山之旅，在炎炎夏日離去後的秋天，已成為我們家固定的年度活動之一。

Photo & text: Yuki Homma

白露

九月十五日

大原的古董店

自京都車站乘坐市內巴士，搖搖晃晃一小時，途經四条河原町、鴨川和出町柳等京都的主要區域，再來到三宅八幡、八瀨，終於抵達大原。僅僅透過車窗，已經足以感受到旅程的樂趣。下了巴士，沿著寧靜道路前行，兩側都是引人入勝的餐飲店，你可以在盡情遊覽「寂光院」之後，前往「翠月」買些漬物，或是走一趟大原溫泉，享受當天來回的溫泉之旅。

回程途中，你必定會被一家坐落於小橋另一段的「古董月日星」（「古道具ツキヒホシ」）所吸引。店內全是店主山本真琴女士精心挑選、保養的古典逸品，甚至吸引了遠從台灣而來的顧客。古董的獨特氛圍、新鮮的野花裝飾、秋季楓紅和溪流潺潺水聲，都讓這家店獨具魅力，吸引人前來賞玩。

Photo & text: Natsuko Ishikawa

白露　九月十六日

新型態的劇場表演

「齒輪－GEAR－」（ギア－GEAR－）是一個完全不使用語言的默劇表演劇場。這裡融合了來自不同國家的世界級表演者，匯集了如街舞、雜技、默劇和魔術等不同類型的表演，來到位於京都三条通，一棟復古且曾為新聞社的大樓中演出。

這間劇場於二〇二一年迎來了連續公演的第十年。這種精緻的製作，需要集結各種不同領域藝術家的智慧，以及持續不懈的努力。

某種意義上來說，「齒輪－GEAR－」似乎成為京都本地誕生的新型傳統藝能。加入各種現代技術，如投影映射和LED服裝，都增加了舞台的趣味性。由於該表演不使用到語言，所以也非常適合兒童及外國遊客觀賞！

Photo & text: Takuma Oshiba

白露

九月十七日

日本最古老的舞台建築

花背的原地町、寺谷川沿岸的大悲山，整座山都奉行山岳信仰。其中峰定寺的本堂是日本最古老的舞台建築，據說清水寺就是以此為參考而建造。這裡從春季到秋季都對外開放，遊客可以實際走上舞台參觀，到了冬季就會關閉舞台。

到了九月十七日的大護摩供之日，收藏庫內的諸佛會公開供人參拜。這一天，來自全國超過百位的修驗道信徒會齊聚於此，隨著法螺貝號角聲響起，展開問答儀式。接著是法弓、劍、斧的儀式，之後護摩壇上會點燃火焰，為周遭籠罩上一片白煙。在平時靜謐的峰定寺觀看這個儀式，感受相當奇妙。自峰定寺步行約二十分鐘，還可以看到御神木「三本杉」，神木由三棵杉木結合而成，其中包括了日本第一、第二高的杉木，十分壯觀罕見。

Photo: Kenji Sadakane / Text: Yuki Egusa

AUTUMN
227
365

白露

九月十八日

藉著澡堂與街坊產生連結

在京都擁有「創業百年」這個名號的店家多到並不稀奇，但擁有百年歷史的澡堂實屬稀有。創立於大正六年的「長者湯」被譽為「老舖三大浴場」，是京都市內為數不多擁有超過百年歷史的澡堂。

儘管這家澡堂歷史悠久，但我會來這裡純粹是因為有認識我的人。雖然對方既非家人亦非朋友，但在這座城市裡，光是有人認識你就有一種難以言喻的溫暖與安心感。

「如果常去澡堂，很容易對街坊產生感情吧。」我妻子某次說了這樣一句話。每個人都獨立擁有各種物品固然方便，但對我們而言，更適合這種透過共享街坊浴場，來與他人連結的生活方式。

Photo & text: Yuki Homma

白露

九月二十一日

全家一起手作兒子的第一雙鞋

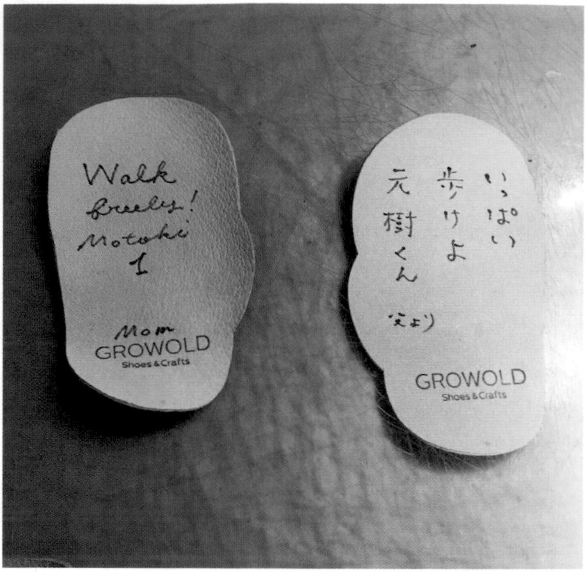

北野天滿宮的斜對面，有家由一位女性獨自經營的手工製鞋店「GROWOLD」。我過去長期為腳拇指外翻而煩惱，卻在這裡遇到第一雙真正讓我滿意的鞋子。店內使用來自義大利的植鞣皮及日本產的天然皮革。顧客可以根據喜好選擇皮革和鞋帶的顏色，以及鞋底類型，打造一雙完全貼合自己腳型的訂製鞋。

記得兒子一歲生日前的某一天，我們全家決定在這裡為他製作第一雙鞋子。我和丈夫還有就讀小學的大女兒，三人輪流縫製，意外地發現女兒縫得最好。我們還在鞋內裡烙上父母的祝福訊息。看著兒子穿上那雙鞋子，搖搖晃晃地邁開腳步學走路，那模樣可愛到難以言喻，即使他現在已經穿不下了，那雙鞋仍是我們家族的珍貴回憶和寶物。

Photo & text: Eriko Ueda

AUTUMN

231

365

白露　九月二十二日

珍惜庭院植物的生活

從上大學至今，我在京都市區已生活了二十多個年頭。由於我是鄉下出身，剛到京都時，很驚訝於房屋之間的擁擠程度，以及人們居然能在這麼狹小的土地上生活！（真抱歉……）

隨著時間過去，我發現了一件事：許多人喜歡在自家門前種植花草。有些房屋周遭都是生長茂盛的植物，甚至有庭院樹木長到突破屋頂，願意住在這樣的環境中，實在令人欽佩。每個人對宜居環境的定義大不相同。但為了保持家門前的景觀每天細心照料植物，除了視覺上的美觀，確實會產生一種滿足感。個人的小小努力，最終會形成屬於城市的美麗樣貌，我認為這真是一件非常美好的事。

現在的我，也完全成為一位熱愛園藝的阿姨了。

Photo & text: Naho Masumoto

秋分

九月二十三日

美麗的花梨果凍

那香氣四溢的美麗果凍，是庭院中擁有花梨樹家庭的特權。由於花梨不能直接食用，所以在超市裡很少見到這種水果。花梨的花朵很美，果實則有助於止咳，作為木材也相當堅固又易於加工，因而過去似乎曾被大量種植。不少京都人家的庭院都能見到昭和時代種植的花梨樹。花梨酒或花梨糖漿很容易製作，要不要順便嘗試一下需要花點時間和工夫的花梨果凍呢？

從果實金黃、圓胖的外表，或許很難想像果凍會呈現如此美麗的紅寶石色。將花梨十字對切成片狀，連同果皮和種子一起熬煮。莫約一小時之後，再將過濾出的果汁，直接用來製作果凍。當你加入砂糖繼續熬煮，就會出現鮮明的紅寶石色澤。

Photo & text: aromateabase

秋分

九月二十四日

京都與日俱增的自然食材品店

京都有許多注重蔬食料理又不避免添加物的優質店家，如光兔舍、星塵（スターダスト）和熊之酒屋（クマのラインハウス）等。總覺得能馬上接觸到山林河川，隨四季更替的習俗扎根於日常之中的話，更容易讓人對自然產生敬畏之情。珍惜潔淨水源和大地的方法，在於能維持輕盈體態的飲食。近年選擇蔬食跟希望以重計價、購買有機食材的消費者日漸增加，京都各地也有越來越多有機食材店。比如北區的「蔬果店ONE DROP」、左京區的「Natural Food DONGURI」，以及在蔬果店附設的咖啡館旁開幕的西陣區「VEJISARA舍」。你能在店內購買產於京都周邊的新鮮又安全的蔬菜，同時也能備齊生活所需的一切，這種安心感真好。

Photo & text: Natsuko Ishikawa

AUTUMN
234
365

秋分

九月二十五日

西陣的早餐時光

西陣區近十年來新增的店鋪多到可以編成特集的程度。最初是因為有藝術家移居此地而受到注目，後來是以町家改建的咖啡館及旅館而大受歡迎。最近則增加了不少提供美味早餐的店家。其中以吐司簡餐和早餐咖哩聞名的「珈琲逃現鄉」，從早上九點營業到深夜一點，是西陣的知名休憩之地。近年在大宮通寺之內，有家義大利餐廳「OASI」也頗受矚目。老闆歷經紐約米其林餐廳及多家義式餐廳、和食店磨練後，最終選在西陣開業。店內裝潢兼具藝術性與舒適感，堅持選用大原和靜原等地的有機蔬菜和食材。除了能享用美好的燭光晚餐，以及前菜獨具特色的午餐，還有週末限定的早餐可以犒賞工作了整週的自己，或享受與老友聚會的時光。這種店就近在身邊，實在太幸運了。

Photo & text: Natsuko Ishikawa

AUTUMN
235
365

秋分

九月二十六日

設計師列車「HIEI」

從車頭、窗戶、扶手到吊環手把，都呈現以橢圓為主題的設計，實用與藝術兼具的巧思令人折服。座椅頭枕部分也以橢圓形為間隔，轉頭就能看見車窗外的景致。座椅上還繪製了有如等高線的不規則線條，都為車廂內注入一股活力。這輛名為「HIEI」的觀光列車，連接了出町柳至八瀨比叡山口的車站。叡山電鉄叡山本線於一九二五年開業，而「HIEI」則是在二〇一八年為發揮集客效果而誕生的設計師列車，大膽地呈現出佛教聖地比叡山的神聖氛圍，以及深不可測的能量。負責這次設計工作的，是曾經打造成田特快等列車的企業，確實可以在車廂設計中感受到某些關聯性，彷彿預示著不遠的未來。雖然HIEI的運行班次為每小時一到兩班，但只需支付普通票價即可乘坐。

Photo & text: Miki Yamanouchi

秋分

九月二十七日

京都新興的美食名店

在京都的美食圈（Gastronomy）如彗星般展露頭角的「LURRA」，僅僅用了一年多的時間便獲得了米其林殊榮，鞏固了其美食名店的地位。LURRA以展現季節特色和文化饗宴的菜色為最大賣點，尤其是招牌炙烤蔬菜，至今仍使我回味無窮。

儘管屬於高價位的精緻型料理，但其隨性、自然的風格也令人印象深刻。與其他桌的顧客一同分享甜點的創新想法，也頗具新意。

每次光臨，這家店都帶給我新的驚喜與感動。而店家經營團隊，是一群比我年輕一輪的老闆們。我希望每個季節都能造訪，繼續關注他們在創意料理上的進化與發展。

Photo & text: Yuki Homma

AUTUMN

237

365

秋分

九月二十八日

生日禮物「月來兔」

中秋明月，是秋天最具代表性的風情畫。無論今昔，到了這個時節暑氣總會逐漸退去，換上初秋陣陣輕拂的涼風，令人不住想欣賞美好明月。

和菓子工房「點心aoi」（おやつaoi）結合時令食材，製作出讓人回味無窮的古早味「三點的點心」。其他像是貓最中、888銅鑼燒、鈴鳴糕、抹茶FUWARI、琥珀鳥、LUCKY MOUSE、月來兔等充滿玩心的甜點，無論是在店內、擺攤或雜誌上都大受歡迎，小朋友也特別喜歡！

我兒子向來不愛西式甜點，所以生日時不會特別指定生日蛋糕，但反而會強烈希望吃到那個白色兔子點心。他收到之後也會特別高興，而且珍惜到幾乎一個人吃光光，並開心地表示明年還想收到同樣的點心！

Photo & text: Natsuko Ishikawa

AUTUMN
238
365

秋分

九月二十九日

老酒廠改造的展演空間

丸太町大宮往北走約三百公尺，會發現一座老酒廠從住宅區中現身，但這裡其實是一間新型態展演空間「咖啡屋拾得」（コーヒーハウス拾得）。

這裡自一九七三年二月十八日開業。推開沉甸甸的大門，先是野口勇設計的照明與石板地磚映入眼簾。地磚材料來自已廢除的京都市電鋪石，桌椅則是回收酒廠的舊酒桶再利用。室內裝潢和家具，皆由是店主泰利跟朋友親手製作的。開店初期即有濃厚的風格，如今五十年過去了，更增添了一份內斂沉穩的氛圍。

也許因為原先是酒廠，所以音響效果特別好，而且也是音樂家嚮往的店家。知名歌手山下達郎就曾應邀在此現場表演，當時蔚為話題。若不考慮到容納人數，這裡應該是音樂人都想演出的舞台。

Photo: Jittoku / Text: Sumako Shimizu

秋分

九月三十日

養在町家中的眉刷毛萬年青

世界上有一種植物叫做眉刷毛萬年青。不論葉片或花朵造形都很特別，是我非常喜歡的植物，甚至喜歡到經常畫成畫作。大約一年前，我把正值開花期的它買回家。所以這還是我第一次看到眉刷毛萬年青的花苞。某天，我突然注意到它斜斜的莖上長出了花苞，平坦且呈現乳白色，可以微微看見藏於其中的花蕊，十分美麗，讓我不禁頻頻觀望。

當眉刷毛萬年青開花時，看起來就像稍微有點分叉的毛筆。我也很喜歡那種有趣的形狀，畫成畫就更有意思了。傳統日式住宅的內部光線總是比較昏暗，所以事實上較不利於植物生長，但這盆萬年青一直都很健康，可愛到天天看都不覺厭膩。

Photo & text: Nao Daimon

秋分 十月一日

北野天滿宮的芋莖祭與鯖魚壽司

每年十月一日～五日，我家附近的北野天滿宮御旅所會舉行「芋莖祭」。據說這項祭典始於平安時代的村上天皇，當時為了感謝祭神菅原道真公在太宰府雕刻木像，西京的神人將其帶回，並在秋季收穫時誠摯獻上感謝之意，供奉各種蔬菜及穀物。對於從小就看著祭典長大的對我來說，這是秋天一大樂事。祈求五穀豐收的芋莖神輿，是由茄子、小黃瓜、酸漿等蔬菜所製成。依照慣例，祭典第一天夜晚，當地人都有吃「鯖魚壽司」的習慣。

北野天滿宮御旅所前，有一家深受居民喜愛並具有地方特色，如同在地廚房的「河口鮮魚店」（位於西大路妙心寺道通西側）。店內有師傅精心挑選的當季新鮮漁獲，每天吸引許多愛好魚人士光顧，相當熱鬧。

Photo & text: Tomoko Tsuda

秋分

十月二日

烤翻轉蘋果塔

我們的料理教室每個月都會舉辦一次茶會。但唯有紅玉蘋果產季的十月份菜單上，會出現這道翻轉蘋果塔。

紅玉蘋果的甜味和酸味均衡，風味濃厚，很適合做成蘋果塔。蘋果慢煎過後，會與焦糖化的砂糖交織出酸甜微苦、有深度的滋味，是秋天最具代表性的烘焙甜點之一。作法很簡單。將蘋果切成弧狀，加入砂糖和奶油在鍋中慢煎，然後填充至模型內，放上塔皮，一同送進烤箱。雖然只有這幾個步驟，但烘焙時的溫度和時間會影響最終成品，所以多做幾次，掌握適合自家鍋具和烤箱火候相當重要。之後就是靜待蘋果餡冷卻，放到塔皮上一起送進烤箱，再冷卻。中間的等待過程，會使蘋果塔的風味更上一層樓。這是一款需要耐心來製作的甜點。

Photo & text: Mitsuko Morishita

秋分

十月三日

高湯專賣店的關東煮

關於平日料理的高湯，京都南區老牌高湯專賣店「宇根乃」（うね乃）的高湯包，是我長期以來的愛用品。除了口味之外，現今第四任社長的經營理念也很吸引我。他將人類和地球的健康視為第一優先，並對現代追求短期效益、浮誇或淺顯易懂的趨勢相當警惕，以堅持的態度認真製作商品。

同樣由這位社長經營的「高湯專賣店的關東煮店」位於京都市政府附近，名為「麩屋町宇根乃」（麩屋町うね乃）。坐在明亮潔淨的吧台上，來客會不自覺被磚瓦上閃亮的關東煮銅鍋所吸引。這些充滿創意的關東煮，就是使用來自宇根乃的高湯，讓當季食材化身成上等佳餚。搭配店主推薦的美酒，這樣夜晚絕對不會出錯。

Photo & text: Yuki Homma

AUTUMN

243

365

秋分

十月四日

在伏見釀酒廠品酒

從世界知名的伏見稻荷大社搭乘電車約十分鐘，就能來到伏見桃山一帶。這裡有很多歷史性建築和文化資產，也是日本著名的酒鄉之一。「伏見」過去曾被寫作「伏水」，意指高品質的伏流水，附近的御香宮神社亦被選為「日本名水百選」之一。

此區有各式規模的釀酒廠，假如你不知道該去哪家，建議先從「伏水酒藏小路」開始，嘗試十八種品酒組合。除了逐一參觀各家小酒廠，附設的專賣店也提供料理外送服務。這裡的品酒組合真的很有趣！蒼空、富翁、月之桂、桃之滴，透過試飲比較，不僅可以品出差異性，也能發掘自己的口味偏好。在天氣晴朗的日子，還能搭乘當地知名的遊覽船「伏見十石舟」。

Photo & text: Natsuko Ishikawa

秋分

十月五日

深受地方喜愛的前小學

京都有好幾個將前國小建築重新改裝後，發揮獨特新用途的設施。前明倫小學現為京都藝術中心，前龍池小學現在是漫畫博物館。

而四條河原町十字路口附近的前立誠小學，目前則成為一家外資經營的飯店，但對當地居民來說，這裡仍是充滿回憶的場所。立誠小學創校於明治二年，其校舍是京都現存最古老的鋼筋混凝土建築。由於也曾舉辦過日本首場電影試映會，所以還有一個「日本電影發源地」的稱號。

考量到居民觀感，飯店在角落增設一個社區圖書館，以及供社區居民使用的集會堂和電影放映大廳。最棒的是，從前的操場目前已完全開放，成為一個從早到晚都能讓人放鬆的場所。此外，還能從酒店酒吧眺望到絕佳街景。

Photo & text: Mikiko Toshima

AUTUMN

245

365

秋分

十月六日

色彩繽紛的蜻蜓

根據《日本書紀》記載，蜻蜓古時候稱為「秋津」，由於日本本州的形狀與蜻蜓相似，所以日本過去的別名為「秋津洲」。

京都有許多大大小小的池塘。彷彿是要彌補因花期結束而為寂寥的蓮池增添色彩般，入秋時分一到各種各樣的蜻蜓現身飛舞在水面上。紅蜻蜓、水藍色的灰黑蜻蜓，以及擁有綠色眼睛及黃黑條紋的鬼蜻蜓等，五彩繽紛地交織飛舞。當你觀察鬼蜻蜓的眼睛，很容易聯想到「蜻蛉玉」這種玻璃珠，其名稱由來就是因為色彩繽飛的玻璃珠，與蜻蜓的複眼十分相似。

京都御苑有一個平日不對外開放，名叫蜻蜓池的生態池，在暑假的一般開放時間，都可以到此觀察各類昆蟲和植物。

Photo & text: aromateabase

AUTUMN

246

365

秋分

十月七日

閃耀的小小綠色舞台

夜幕垂降的大德寺境內。有形無形之物似乎都在蠢蠢欲動，當夕陽西沉我加緊腳步前進。走著走著，有一株被路燈打亮的松樹出現在眼前。小小如煙火般的新綠，突然吸引了我低垂的視線而，停下腳步。

不曉得是什麼原因，被砍到只剩下根部的松樹表皮粗糙紋理，在強烈光源下清晰可見。而從中挺拔誕生的枝葉細如火柴，卻展開著鮮綠葉片。可能是白天吸收了充足的陽光，模樣才如此生氣蓬勃。或許是來自松果掉落的種子，獲得了樹墩上的養分而萌芽。這株老樹墩就像被青苔覆蓋的小島，成了重生平台，細心保護著新生命。這個容易在大白天被忽視的小小力量，正在舞台上享受著聚光燈照耀，顯得既驕傲又堅強。

Photo & text: Miki Yamanouchi

寒露

十月八日

用「神宿草」編織眞菰星

京都府北部的綾部市志賀鄉，有一家農家民宿BOKKATTE（ぼっかって），在初秋某個仍帶著一絲殘暑的晴朗日子，邀請我一起製作真菰星。

真菰又稱作「神宿草」，自古被認為具有淨化和排毒功效，是一種類似竹子的植物。來到綾部時，我發現這裡的居民會在稻田旁種植真菰。但真菰的葉片其實不能夠拿來食用，所以我們就用這個部分來製作聖誕裝飾。

在德國和北歐國家，有一種叫做「麥梗星星」的傳統裝飾，當地人會用麥梗製作出呈現星形的裝飾，據說是為了感謝豐收。BOKKATTE在收割完稻作之後，也會製作這款星星裝飾來表達感謝之意。

Photo & text: Eriko Ueda

寒露

十月九日

在靜原早市品味自家焙煎珈琲

左京區的靜市靜原町，是位於京都北部、鞍馬與大原間的山間村落。從西陣沿著堀川通北上至大原的路上，右手邊正巧有個「靜原里市」。這是一個每週日早上八點到十二點開張的小型早市。在如同溫室的空間裡，當地居民販售自己種植的時令蔬菜，以及壽司、萩餅和各式手工製品。可愛的奶奶們總是帶著和藹笑容招呼客人，這是我特別喜歡的情景。

我會在那裡點一杯「Millet」自家焙煎珈琲，然後坐在圓木上細細品味，冬天圍在柴火旁，秋天則是觀賞波斯菊，悠閒度過。靜原有許多深藏不露的移居者以及常客，這裡散發著一種誰都能夠被接納的舒適感，格外閒適自在。「Millet」出品的石窯麵包，總是剛推出就銷售一空，想買要趁早喔！

Photo & text: Natsuko Ishikawa

AUTUMN

249

365

寒露

十月十日

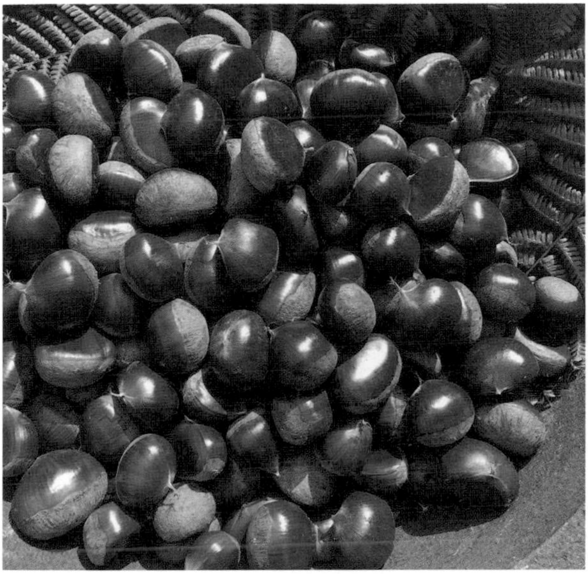

自製栗子醬

當時序進入十月上旬，我在京丹後的老家會送來大量日本栗。而結實纍纍的秋之味中，自然少不了深受眾人喜愛的栗子。剝栗子既費時又費工，每次都因為外層的鬼皮和澀皮剝到手很痛而想著：「明年不做了！」但那無可取代的美味，最後總是讓人忍不住再度挑戰。

為了能長時間享受新鮮栗子，我每年都會製作栗子醬和栗子泥，畢竟當季新鮮食材總是稍縱即逝，下次重逢就得再等一年。當我習慣做好唯有這個季節才能做到的事時，依稀覺得這些成品也成了屬於我的味道。我目前仍住在京都市內，對於每個季節都能享受到來自京丹後的自然恩賜，總是心存感激，也希望能將祖母和母親的栗子料理技術傳承給下一代。

Photo & text: Naho Masumoto

寒露

十月十一日

瓦片中的匠心獨運

滴滴．答，滴．答。如同摩斯密碼的節奏般，混入裝飾性音節的黑色並行線條。佛院周遭的土牆上，有著乍看之下呈現不規則造型，但其實是經過縝密設計的「瓦片藝術」牆面。

這些黑色瓦片，原本是防止土壤流失的實用建材，但單色調的圍牆和瓦片構成中，匠人的玩心隱約可見。觀賞時，你彷彿能聽見匠人的心聲：「軒丸瓦放得夠多了，穿插平瓦做個波浪造型吧。鬼瓦這樣放很像武士頭盔呢，真有趣～」。瓦片具有防火作用，起初應用於寺廟和城郭，後來平民也將屋頂的材質，從木板改成瓦片了。由於京都盛產優質黏土，使這裡成為全國聞名的京瓦產地。不斷精進的瓦片之美，經過磨練的技術和智慧，也為京都增添了獨特魅力。

Photo & text: Miki Yamanouchi

AUTUMN

251

365

寒露

十月十二日

居民惠贈的栗子、苦瓜和柿子葉

光是在大原沿路行走，到處都是滿滿的大自然恩賜，只要有所覺察，你會感到眼前的一切如同天堂。

看到柿子葉鮮豔的色彩，就讓我想起小時候和爺爺一起喝的柿子葉茶，那是一種懷念又溫暖的味道。由於實在太美，我不自覺地拾撿了起來，結果一位奶奶告訴我不遠處有更多葉子，叫我隨意拿。當孩子們也一起加入撿葉子的行列時，她又送給我們一大堆栗子。我們也在鎮上的田地遇到有人因為苦瓜產量過多，而讓我們帶一些回家。

真的是禮物多到收不完，下次我想嘗試做做看柿葉壽司。對於自然之美和這麼多的熱情惠贈，我實在無比感激。

Photo & text: Natsuko Ishikawa

AUTUMN
252
365

寒露

十月十三日

目標成爲日本聖塞巴斯提安的宮津

「我要讓丹後成為日本的聖塞巴斯提安。」宮津市的老字號釀酒廠第五代繼承人，正以二〇二五年為目標來推行這項計畫。西班牙北部，有個人口只有約十七萬的小鎮聖塞巴斯提安，以美食之都而聞名，並吸引了來自世界各地的觀光客。

擁有「海之京都」稱號及名勝「天橋立」的丹後地區，受到山和海包圍，有諸多風光明媚的景點且水質優良。當地有餐廳表示「希望有人會為了美食來留宿」，專注於提供晚餐服務。

聖塞巴斯提安花了十年十年成為美食之都。而宮津早已有了像「aceto」和「魚菜料理繩屋」等美食愛好者會特地造訪的店家。宮津未來的發展很值得期待。

Photo & text: Mikiko Toshima

AUTUMN

253

365

寒露

十月十四日

御所之森的蘑菇

十月某一天，我前往教室對面的御所森林時，發現了許多從未見過的蘑菇。我樂到無暇深思，對了解蘑菇的人來說，這個景象一定更令人興奮，但我光是一口氣看到這麼多不同種類的蘑菇，就感覺自己像是採菇職人了。

由於一直低頭尋找蘑菇，有時難免會迷路或失去方向，但某些蘑菇在半天之內就會消失無蹤。第二天又走了一趟，儘管希望能看到同樣的蘑菇，但經常沒辦法再遇到，彷彿前一天看到的景象都是夢一樣，真不可思議。

假如夠幸運，還有機會遇到被稱作蘑菇女王的長裙竹蓀。在御所進入楓葉季節前的這段時間，稍稍踏入這深奧的世界，著實令人樂在其中。

Photo & text: Mitsuko Morishita

AUTUMN

254

365

寒露

十月十五日

「請隨意帶回家」的水果

清晨，騎單車經過寺廟境內或小巷時，我常常會遇到寫著「請隨意帶回家」的水果。從青梅、酢橘到柚子等柑橘類、柿子等等，隨著季節而有所不同（有些地方甚至貼心地放了袋子），只要不是特別趕時間，我都會不客氣地帶一些回家，大多會將這些拿到的水果進行糖漬處理，加工成季節性保存食品。從托兒所接送孩子的路上，每到十月中旬，總會有一個地方堆滿了生柿子，我每年都會拿一些回家做成柿餅。

在秋高氣爽的日子裡，光看著隨風擺盪的柿子，就能感受到季節氛圍。當品嚐到在秋風吹拂之下乾燥完成的柿子，我更是感激到幾乎眼眶泛淚。每一天都可能存在嶄新的邂逅，要是錯過就太可惜了！

Photo & text: Naho Masumoto

寒露

十月十六日

老字號咖啡豆專賣店的魅力

河原町今出川一帶，有間老字號咖啡豆店「出町輸入食品」，予人一種搭時光機重返昭和年代的錯覺。初次入店或許會感到有些門檻，不過一旦熟悉購買方式，就會覺得每一次造訪都讓人開心。由於我本身就住在附近，所以已經光顧了近十五年。這裡也常提供咖啡試飲或試吃現場販售的進口點心。

我特別推薦Gold Mountain Blend深焙咖啡豆，其風味濃郁，沒有過多的酸澀味，非常容易入口。難怪這裡有許多年紀較長的粉絲。

在麵包與咖啡消費量驚人的京都，自父母、祖父母那一代就開始飲用的咖啡香氣，或許帶有一絲懷舊和療癒的記憶。當作贈送親友的小禮物也很受歡迎。

Photo & text: Naho Masumoto

AUTUMN
256
365

寒露

十月十七日

前往郊區逛逛大原早市

從中京區的京都御苑往北行駛約三十分鐘，即可到達位於左京區的「鄉里車站大原」（里の駅大原）。每週日早上六點，居民會在停車場舉辦「大原交流早市」。充滿活力的農夫在此直接販售自己耕作的新鮮作物，還有「Wappa堂」（わっぱ堂）深受歡迎的麵包和各式便當、飯糰、漬物，冬天必備的烏龍麵和拉麵、植物專賣店，以及珍貴的豆皮、豆腐、乾貨和橄欖油……各式攤販任挑任選！附近還有過去曾舉辦過早市的「大原熱鬧早市」（大原わいわい朝市）。每個市場都有獨特的風貌，若時間允許繞去附近田間小路散散步，再順便逛逛市場也是好選擇。要是不小心賴床，也可以直接去九點開張的「鄉里車站大原」。這裡有農夫精心栽培的蔬果，請務必以最簡單的調味來品嚐。

Photo & text: Natsuko Ishikawa

寒露

十月十八日

鮮採丹波黑豆

從京都車站開車約兩小時，前往丹波篠山沿途還可以愜意地享受兜風樂趣，主要目地是購買丹波的黑豆。黑豆其實是毛豆的一種，所以也稱作黑毛豆。

新年時吃的黑豆，其實是在還沒有完全成熟之前採收的。這種豆類的新鮮度特別重要。將剛採收的黑豆，放入加了一點鹽的滾水中燙熟，就可以品嘗它特有的濃郁風味。

參加黑豆採收的最佳時間是在十月下旬。丹波黑豆在接近成熟時，表面會出現黑斑，豆味也會逐漸變濃。像這張照片中的黑豆，就接近理想狀態，會從原本像毛豆那樣有嚼勁的口感，變得稍微帶點Q彈。在丹波篠山，也有很多陶藝家的窯場，尋找與黑豆搭配的杯壺酒器或飯碗也是一大樂趣。

Photo & text: aromateabase

AUTUMN
258
365

寒露

十月十九日

章魚燒和柴犬

一隻柴犬乖巧地端坐在主人鋪好的紙上。在一對趁著短暫小憩吃著章魚燒的夫妻之間，得到自己的小空間與主人友好地共享長椅。或許是散步途中的小憩，牠看起來滿足而舒適。對章魚燒不感興趣，教養良好的坐姿吸引著我的目光。許多人會牽著狗在鴨川散步，觀賞這些可愛小狗也是種樂趣。不知道這隻柴犬是否也經常在這條路上散步呢？

如同關西閃耀巨星的麵糊料理章魚燒，日本各地加入的配料卻不盡相同。大阪一般會放蔥，而京都有時會加入高麗菜。藍天之下，從攤販買來的章魚燒似乎也格外美味。這裡的章魚燒沒有放高麗菜，但味道充滿了京都特有的高湯香氣，再加上特調醬汁，三兩下就會吃完一整船，心滿意足地繼續回歸散步路程。

Photo & text: Miki Yamanouchi

AUTUMN

259

365

寒露

十月二十日

京都秘境澤之池的樂趣

澤之池（沢の池）位於京都右京區的北山杉產地，中川北山地區的深處。那裡有京都秘境的稱號，池面映照出綠寶石般的色彩，美得令人心醉。或許因為前往的道路有點難行，通常不會有太多人潮，這也讓人可以在那裡度過一段悠閒時光。喜愛戶外活動的人，可以在池畔露營或圍著火堆，盡情享受大自然之樂。

只要從市區開車走一小段距離，就能如此親近大自然的環境，也是我心中京都獨到的魅力之一。在前往澤之池途中，由鳴瀧地區生產的「京甘藷」製作的「地瓜條」堪稱極品，這是在甘藷產季才有販售的限定商品，絕對會是這趟澤之池旅程中的最佳伴手禮。

Photo & text: Naho Masumoto

寒露

十月二十一日

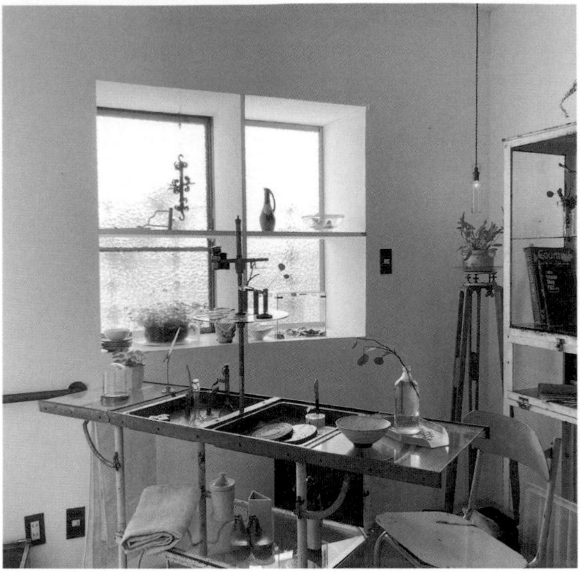

京都的金繕修復熱潮

近幾十年來，京都掀起了空前的金繕修復熱潮。很多人因為不小心弄破了每天愛用的珍貴器皿而有這份需求……。不知不覺間，周遭多了不少學習金繕修復技術的人。大約八年前，我在相國寺附近的修繕之器工房（繕いのうつわ工房），向有近四十年經驗的小石原老師學習「跟隨世界進步的最新最佳金繕修復技術」。他超凡的技藝令人驚嘆，課程至今仍然常常要登記候補。近期我也到位於等持院南町，由吉本千秋創立的「GALLERY HANAMIZUKI」教室，參加足立義弘老師開設的真漆修復教室，我深深被這個運用自然技巧修復物品的世界吸引。據說還有合作的花藝課程和市集等活動正在籌備中。答案不會只有一個，只要能以適合自己的方法修復心愛物品，那就是一種幸福。

Photo & text: Natsuko Ishikawa

AUTUMN 261
365

寒露

十月二十二日

遇見祭典隊伍

上班前順路到超市買東西一走出來，眼前出現一位騎著馬的人。京都在春秋兩季有不少祭典，所以偶爾會在路上遇到這樣的隊伍。那天是時代祭，從御所到平安神宮，一路上約有二千人參加，正好有隊伍經過教室前。我很開心能在當天直接從窗戶觀賞到彩排。不過，看到他們這麼早就換上那套服裝倒是有些驚訝，於是查了一下，才發現雖然隊伍的遊行時間是在中午，但從早上七點開始就有各種儀式，所以那些人也不是單純等待，而是在前往御所途中。

此外，五月葵祭或教室附近下御靈神社舉辦祭典時，御所周遭也會經常看到騎馬的人，所以我慢慢不再感到驚訝。當然，其他跟我一樣買完東西的顧客也早就習以為常。

Photo & text: Mitsuko Morishita

霜降

十月二十三日

與老字號茶屋店主的對話之樂

提到宇治的老字號茶屋，非「通圓」莫屬。這家店開業自平安時代，歷史名聞遐邇，甚至連德川家康和豐臣秀吉都曾光顧。

店內設有圍爐，等候開水沸騰時，不妨與第二十四代的店主談話，尋找適合自己的茶種。選茶過程中，你可以邊欣賞歷史悠久的茶壺和雕刻，享受這段愉快時光。只要告訴店主偏好的口味或用途，他就會為你推薦合適的茶。你也能在甜品座席，挑選自己喜歡的「通圓」茶品，試飲後再指定喜歡的口味。或許不少人會認為，抹茶就要搭配和菓子，但這裡竟然有磅蛋糕的選項，真令人開心。能與老字號茶屋的店主直接談話，是個相當難得的機會。若是你開口詢問，他還會細數宇治地方和製茶的歷史，以及近年觀光業發展等廣泛資訊。

Photo & text: aromateabase

霜降

十月二十四日

定點觀察鴨川景致

渡過鴨川時，感覺有許多人習慣站在大約正中央之處看向他處，或是經過鴨川時不經意地觀察天氣和水位。回顧過去拍攝的照片，我發現自己大多是望向北邊。或許是因為我對遠處山脈的輪廓和雲層變化很感興趣吧。

不過，我不是真的停下腳步仔細觀察，只是會邊走邊瞥一眼的程度。雲的形狀、天空的色彩都會隨季節改變，河水的顏色和水量每天也都有所變化，即使是連日陰天，天空的漸層也很美，有時會深有所感，有時也會不經意地忽略。但我總覺得有個聲音在另一邊告訴我「讓內心保持一個瞬間望向遠方的餘裕很重要喔」，所以我總會不經意地看向鴨川。河川是一種如同母親般的存在，令人不自覺地想要多靠近一點。

Photo & text: Mitsuko Morishita

AUTUMN

264

365

霜降

十月二十五日

一年三次的地方參拜

花背神社就在我家附近，現在每年會舉行三次地方參拜儀式。剛搬家不久，有人隨口告知：「要參拜了，快來」，所以我也很隨性地前往參加。沒想到，現場的男性都穿著西裝，場面比我想像得嚴肅。

祭神儀式由當地居民擔任信徒總代負責。神社正中央的神樂殿排列著許多供品，信徒總代會依序將它們送到本殿。當所有供品都運送完畢，神主便會朗誦祝詞。之後，當地居民則依序上前參拜。大家會在喝下御神酒後，交換聯絡事項和地方資訊，然後領取拜過的供品踏上歸途。我過去不曾參與都市社區的參拜儀式，所以覺得格外新鮮。當地也會定期清掃神社和社區，讓我強烈感受到居民共同守護這片土地的決心。

Photo: Kenji Sadakane / Text:Yuki Egusa

AUTUMN

265

365

霜降

十月二十六日

銀杏——從收穫到秋之味

花背神社內的大銀杏樹下，包裹在柔軟果實裡的銀杏掉落一地。

軟綿綿的銀杏果散發著特殊氣味。收穫時，要連同果實快速裝進水桶等容器，由於容易沾染上味道，必須戴上手套和使用夾子。之後，為了分離果肉和種子，通常會加水浸泡數日至數週。這個過程中，銀杏果也會散發出強烈氣味，所以我們會將容器移動到田裡。直到充分浸泡後，戴上手套剝除泡軟的果肉（此時的味道依然濃烈），只留下種子，再仔細搓揉洗淨。當只剩種子並且曬乾之後，就成了我們熟悉的「銀杏」，而且不再有異味。稍微清炒或煮成銀杏炊飯，才終於能夠享受秋季收穫的樂趣。新鮮銀杏會呈現透明的翡翠綠，是十分美味的秋季佳餚。

Photo: Kenji Sadakane / Text:Yuki Egusa

霜降

十月二十七日

在老派居酒屋品味伏見名酒

「京都・伏見神聖酒藏TORISEI本店」，這家專賣雞肉料理和日本酒的居酒屋，從京阪電鐵的伏見桃山站或近鐵的桃山御陵前站下車，穿過商店街即可到達。雖然置身老式建築物中，仍極具存在感。尤其是若你選在有月亮的夜晚初次造訪，肯定會留下好印象，所以特別推薦晚上前往用餐。

喜歡日本酒的朋友，可以選擇「藏出生原酒」或「神聖」，兩者都是使用伏見著名的「白菊水」來釀造。在寒冷的冬夜，從「神聖」的熱燗開始，結尾再品嚐雞肉飯和酒粕湯，會讓人忘卻所有煩惱，沉浸在幸福感之中。這棟建築原本就是由歷史悠久的釀酒廠改建，復古氛圍加上美味的雞肉料理，很容易讓人不自覺喝過頭。由於回程還需穿越商店街，還請留意別喝得太醉，路上小心。

Photo & text: Takuma Oshiba

霜降

十月二十八日

兔子縮成一團的季節

我家有兩隻兔子，都來自動物保護機構，我在認養之後盡心地照顧牠們。算上已經去了天國的那一隻，我總共照顧過三隻兔子。由於夏天實在太熱，每隻兔子都會把身體伸得長長地，躺在地上。看到牠們這副模樣，我都不由得心想：兔子是這麼長的生物嗎？然而，一旦天氣稍微轉涼了，牠們就會全身蜷縮起來，像一坨圓球。這時候我又會驚訝：兔子可以這樣伸縮自如嗎？

感覺冷的時候，兔子不僅會縮成一團，還會主動跳到我的棉被或毛毯上。牠們有時會用鼻子輕輕地蹭蹭我，就像是在討抱抱。當我把兔子抱起來，牠們會很享受地瞇起眼睛，露出昏昏欲睡的神情，成了我在這個時節的小小樂趣。

Photo & text: Nao Daimon

AUTUMN

268

365

霜降

十月二十九日

窄巷間的社區

京都有許多車輛無法進入的狹窄小巷。祇園所在的先斗町也有好幾處，總讓人忍不住想漫步其中。

西陣一帶相當著名的「三上家巷子」（三上家の路地），兩側都是有格子門的長屋建築，因道路狹小沒有設置電線桿，美麗的石板路格外搶眼。由於是條死巷，平常鮮少外人出入，四周靜得出奇。孩子們可以在這裡悠閒地鋪上草蓆吃吃點心，或是泡在塑膠泳池中恣意玩耍。我常跟同時期搬來的鄰居，陶藝家生駒先生，透過二樓窗戶分享近況。有一次，我兒子提早回家，因家裡沒人就到巷內一家蜂蜜店等我們。這條巷子彷彿是我家的延伸，讓人有種被守護的安心感，我覺得這是一種非常有魅力的居住風格。

Photo & text: Natsuko Ishikawa

AUTUMN

269

365

霜降

十月三十日

寺町通的那家店和這家店

寺町通上的御池通到丸太町之間，是我工作室附近很適合短暫外出的範圍。每當我因為製作果醬而感到虛脫的時候，就會馬上到附近的蔬果店買個東西，或是為了喘口氣而逃進「Smart珈琲」。有時候我會被途中的古董店櫥窗吸引，有時候會在這一帶選購伴手禮。因為騎腳踏車很快就能抵達，感覺比前往四條更輕鬆，這條路上的眾多專賣店也讓人樂在其中。

「柳櫻園」似乎是許多學生下課後會去的地方。這是一條沒有高大建築的商店街，漫步其中總能發現一家讓你心動、想進去一探究竟的店家。釦子專賣店「ECRIN」，就是我無意間走進去並感到驚喜的一家店。當我告訴店員外套少了一個釦子，他們竟然能在短短幾秒內就找到完全相符的替代品。

Photo & text: Mitsuko Morishita

AUTUMN
270
365

霜降

十月三十一日

聖誕史多倫麵包

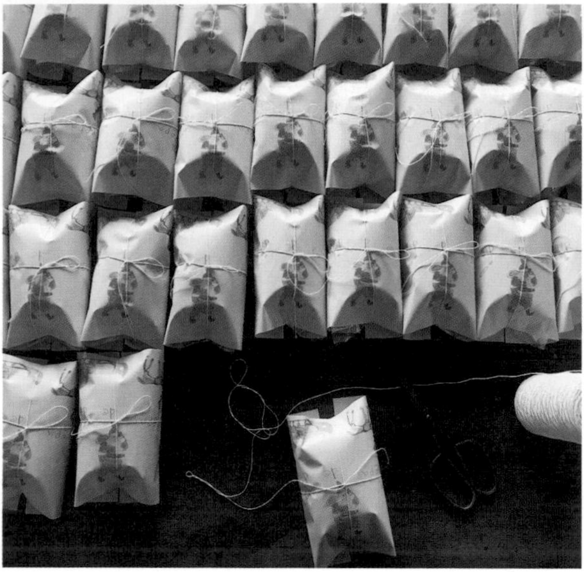

聖誕史多倫麵包是一種等待聖誕節到來前，可以慢慢切片享受的發酵點心。夏末時，我會將各類果乾浸泡在洋酒中，提早準備材料和計劃時程，十月中才會進正式的烘焙程序。我的工坊中，最受歡迎的就是聖誕史多倫麵包，製作量也最大，因此會有整整兩個月沉浸在史多倫麵包的香氣之中。

至於麵包教室「週日美味」（日曜日のごちそう）的聖誕史多倫麵包，則是教授最一般的基本口味，但配方和程序沒有任何調整。因為我最初開課時就堅持用大量水果來取代堅果，所以這或許是一種獨有的味道。許多顧客都期待著那繪有聖誕老人插畫的包裝，這個包裝也是從最初就沒有變過。對於能持續製作這項產品，我總是滿懷著感謝之心一個個用心包裝。

Photo & text: Mitsuko Morishita

AUTUMN
271
365

霜降 十一月一日

楓葉與迎接冬季的準備

花背的秋季來得特別早。因為附近有很多柿子樹，當到了柿子成長期，樹葉也會逐漸轉紅，由青轉黃，再到鮮艷的橘色，這一連串色彩變化非常美麗。樹葉一旦凋零，短短幾天內就會全部落光。沿著河邊漫步，你會看到芒草的花穗綻放，閃耀著銀白色光澤。雖然芒草基本上被視作麻煩的野草，但秋天的芒草卻成了能和明月一同享受的詩意風景。花背一個是因林業而繁榮的地區，存在許多人工杉樹林。雖然能看到繽紛山景的地方不多，但在人跡罕至的山頂或河流深處，可以欣賞到鮮明的色彩變化。當賞楓時節到來，代表也要開始準備過冬了，所以這時常會看到人們為了防雪而移除農田的防護網，或是忙著在住家周圍設置防雪柵等作業。

Photo: Kenji Sadakane / Text: Yuki Egusa

霜降

十一月二日

謝絕生客的店家？

堀川五條上有一間於二〇二〇年開業，由maimai女士將一樓住家改建而成的「UCHIDA」（うちだ）。這間店即使上網也很難找到任何資訊，是一個只有內行人才知道的料理店。店內有maimai女士身為彫金藝術家的作品及工房，菜單上則有她拜師學會的壽司及時令鮮魚料理，以及她之前長期工作過的「吉田屋料理店」（現為九條山的熟客制餐廳「閒居吉田屋」）中，極受歡迎又有「吉田屋遺產」別稱的菜色，如：炸鰻魚生春捲或冷盤鴨肉沙拉。其實，這間店不是謝絕生客的餐廳。只是目前因為由老闆娘獨自經營，再加上很重視與顧客之間的關係，而設置了一些入店門檻。她表示若能增加更多常客會很開心。我覺得練就與店家建立良好關係的能力，也是一種樂趣呢。

Photo & text: Natsuko Ishikawa

AUTUMN
273
365

霜降

十一月三日

帶你環遊世界的雜貨店

左京區的寶池公園旁，有一家只在週末營業，氣氛很不可思議的西洋古董雜貨店「ALMACÉN GRANPIE」。

當你踏入那扇小小木門的瞬間，會有種不知身處何處之感。印度商人的舊帳簿、專為牛設計的鈴鐺、特色民族料理專用的餐具、驅邪護身符……這些來自世界各國的「日常普通物品」會一口氣呈現在你眼前。假如你正巧去過某個國家，就會有種「啊，我記得這個！」的感覺，但如果是不認識的國家，店員就會告訴你一些未知且有趣的故事。當你帶著戰利品回家，打開時會有一種整理旅行紀念品的感覺。這家店或許不只是一間西洋雜貨店，更像是一個能讓你體驗以「GRANPIE」為名的小型旅程空間。

Photo & text: Miwa Homma

霜降

十一月四日

取出煤油暖爐

京都冬天的寒冷具有階段性。尤其是住在傳統町家的居民，會切身感受到這一點。十一月到十二月是冷得令人舒適的時期。取出家中收藏的煤油暖爐，而煤油特有的氣味和溫暖，會帶來一種幸福感。由於還不算很冷，所以能在町家之中悠閒地過活。開著煤油暖爐，可以在上面燒開水或稍微加熱食物。坐在一旁邊享受喜愛的咖啡或茶和點心，邊閱讀或沉浸於思考中，我每年都很期待這個時節待在家中的閒適時光。

然而，到了一月和二月，京都的冬天正式進入嚴寒刺骨時期，住宅的木頭地板由於太冷而不適合待著，會以天花板較低的和室來做區隔，將暖爐或電熱毯移到這個溫暖狹小的空間，開始窩在裡面度日。

Photo & text: Nao Daimon

AUTUMN
275
365

霜降 十一月五日

壯觀的鳥邊野墳墓群

源自平安時代的墓地「鳥邊野」，位於京都最多觀光客的清水寺附近，通往大谷本廟一帶。平安時代的京都，每當平民過世時，人們會將遺體會棄置在這片土地上。因為有群鳥前來啄食這些遺體，故此地被稱作「鳥邊野」。

這是一個介於人間與冥界的地方，曾出現在《徒然草》和《源氏物語》中，甚至成為歌舞伎的表演內容。傳說中，位於六道珍皇寺境內的水井是前往冥界的通道，而平安時代的官吏小野篁，則為了輔佐閻魔大王，在這裡與地獄之間多次往返。

現在這片地帶依舊寧靜，與附近清水寺的氛圍全然不同。但佇立在這裡的一萬三千座墓碑，還有能夠一望京都塔等建築景致，實在非常壯觀。

Photo & text: Mikiko Toshima

AUTUMN 276 / 365

霜降

十一月六日

冬天的起點・間人蟹

每年的十一月六日，是眾人引頸期盼的螃蟹解禁日。為什麼是這一天呢？聽說源由在於十一月六日到七日左右是「立冬」，這一天也意味著「冬天的起點」。或許因為我家距離間人漁港很近，所以從小每年都能吃到剛捕撈的螃蟹。對我來說，簡直就是心靈食糧。由於間人漁港的螃蟹是當天現捕因而鮮度一流，無論是味道或品質都被認為是最上等的螃蟹。不過，公的松葉蟹價格還是有些驚人，所以我通常會選購小隻母螃蟹（香箱蟹）。雖然體型偏小，但蟹黃和蟹卵的濃郁美味，絕對令人難以抗拒。隨著日本海嚴峻冬季的來臨，螃蟹捕撈季節也將正式開始。為防止過度捕撈，螃蟹的捕撈季只到十二月底，所以建議大家在初冬就把握機會大飽口福。

Photo & text: Naho Masumoto

冬

十一月七日
≪
二月三日

遠方山巒已被白雪覆蓋，
這是令人期待的冬景之一。
自家製的醃蘿蔔乾，為過年做種種準備。
叫便當或外燴，都是這個時節的小小樂趣。
許多神社寺廟，舉行了感謝收穫、祈求避邪除厄的「火焚祭」，
這是為了一年例行儀式進行收尾與結束。
新年一到，就去參加都七福神巡禮、吃七草粥，還有左義長火祭。
欣賞神社寺廟中的皚皚雪景。
二月時，又迎來賞梅的季節。

立冬 十一月七日

在河畔交換書籍的女孩

掛在自行車上的黑板上寫著：「要交換書本嗎？這裡是交換一點想法和書本的地方。」上面畫的蘿蔔小插圖，是想表現心靈養分的意思嗎？她坐在松樹根旁翻書的模樣，彷佛吉卜力動畫中會出現的女孩。鴨川的中洲地帶，是個能讓人放鬆心情的留白空間，有些人打開便當，有些人在眺望風景，如同漂浮在靜止的時間中。女孩的背包裡似乎裝滿了書，她是從哪裡來的呢？她所挑選過，以及其他人選來閱讀的書上都貼有借閱歷史，或許還有「適合這種時候閱讀」和「希望這樣的人來閱讀」等欄目。她最珍視的，或許是人們透過書而串連起來的思緒。即使只交流幾句話，也能藉由親手交出的書本來傳遞心意……。下次讀完一本書之後，不妨來找找她的身影吧。

Photo & text: Miki Yamanouchi

立冬　十一月八日

七五三與烤麻糬

住在西陣的我們一家，祭拜的氏神（按：氏族或區域的守護神）是今宮神社。五月時，總會有匹純白神馬從小巷前經過，我總是與鄰居奶奶滿心感激地觀賞。

時光飛逝，我跟滿五歲的兒子與一家人，前往神社進行七五三參拜儀式。今宮神社位於大德寺北方。這兩處皆靜謐而美麗，光是在境內漫步就使人心情舒暢，也是我特別喜愛的地方。歸途中，今宮神社參道上最值得期待的，就是從平安時代開業至今的「一和」與「飾屋」。兩家會將招牌烤麻糬切成拇指大小串在竹籤上，在店門口的炭火上烤至微焦，最後淋上特製的白味噌醬。我們每次造訪總會猶豫要選哪一家，這也是種樂趣。他們還有十五支三人份的外帶，可供人帶回家慢慢品嚐。

Photo & text: Natsuko Ishikawa

立冬　十一月九日

京都新時代：裸市集

每月兩次，在京田邊市松井山手站舉辦的裸市集（Naked Market），是一個以植物性飲食為基礎、無塑概念為主題，重視環保與正向積極的購物場所。無論是在平日舉辦的「weekday」，或是月底的「nature」，都是由身為模特兒的Maaya Hanson女士所舉辦。

參加者可自備的物品包括：環保袋、水壺、隨行杯、各式容器、瓶子、環保保鮮膜等等。雖然我也曾主辦市集，但看到店家能如此自然地實踐無塑及零浪費理念，實在讓我深受感動。現場齊聚食物、生活、時尚相關的店家，滿溢著愉快氛圍。我才發現，只要自己願意，其實放棄不必要的習慣，原來是那麼簡單的一件事，這點令我大開眼界。京都已經進入了一個新時代！

Photo & text: Natsuko Ishikawa

WINTER

280

365

立冬

十一月十日

反覆嘗試中學會曬蘿蔔乾

京都山區往往濕度偏高，要曬乾白蘿蔔等蔬菜並不容易。因此，許多家庭會嘗試在燃木暖爐上烤乾，或乾脆只用鹽來進行醃漬，甚至是先稍微曬乾後再鹽漬，每個家庭都有不同的做法。

蒐集各種資訊的過程中，我們每年都會反覆嘗試不同的方法，來尋找最理想的曬乾方式。後來我發現，保留白蘿蔔葉片，再將兩根白蘿蔔中間的葉片綁在一起垂直掛著，不但能讓白蘿蔔慢慢乾燥，葉片還能保持綠色。

我也曾嘗試分開曬乾葉片或橫著曬白蘿蔔，但葉片總是會先枯萎。對我來說，這是一項重大發明。不過，當我仔細觀察附近鄰居們之後，才發現他們幾乎也都是這樣做的。

Photo: Kenji Sadakane / Text: Yuki Egusa

立冬 十一月十一日

茶花香氣

「提到京都，就會想到茶！」儘管京都茶葉帶給人這種強烈印象。但你是否真的見過茶樹呢？

由於宇治茶大多會直接加工成抹茶，所以在新茶季節，茶田會被黑布覆蓋，以增加茶葉的甘甜度並抑制苦味。所以最佳觀賞期，其實是晚秋的花開時節，這時的茶樹會開出一些小小白花。

你甚至能在宇治橋附近，看到被當成行道樹的宇治茶樹。與近親的椿花或其他山茶花相比，這種茶花的花瓣更輕更薄，會隨風微微飄動，並且散發出淡淡帶點柑橘味的清新香氣。你可以小心地摘下花瓣，製作成糖漬茶花或果醬，茶樹果實則可以用來榨油。除了沖泡茶葉，茶還有許多其他品味方式。

Photo & text: aromateabase

WINTER

282

365

立冬

十一月十二日

楓紅最美的那一天

據說當夏季特別炎熱，秋季的楓葉會更顯紅艷，但除非這個時刻到來，沒人能預知紅葉會如何轉化。這是會讓人不惜暫時拋下工作，走進御所散步個三十分鐘的季節。御所的楓樹品種繁多，能長時間沉浸其中是一大魅力。

正如櫻花盛開，紅楓也有最絢麗奪目的一天，這是住在東福寺境內的朋友告訴我的。當你每天都在觀賞，總會有冒出：「就是明天了」的時刻到來。然後隔天清晨，趁人煙稀少時前往賞楓。當你真的做過後，會發現從這一天起，原本艷麗的葉片開始如乾燥花般枯萎凋零。這種「就是那一天」的感覺，確實只存在於那一刻。所幸，御所有許多種類的楓樹，所以總會再找到某棵樹的「那一天」。好好觀賞不同楓樹的最盛期，就是我賞楓的樂趣。

Photo & text: Mitsuko Morishita

立冬 十一月十三日

儲備一年份的柚子

為每個季節製作各種保存食品是我的生計，其中「柚子鹽醬」需要投注最多心力。從十一月的柚子採收期開始，到剝去柚子皮、仔細取出白色部分，然後開始處理一整年份的柚子。

完成這項作業之後，等到自家菜園的青辣椒要收成時，就可以製作新鮮的柚子胡椒。我家的柚子胡椒會奢侈地加入大量柚子，特色是具備強烈的刺激感與新鮮香氣。

自家製調味料不僅安心安全，也更容易發揮食材美味。而且預先做好存放起來，也能為繁忙的日常增添了不少便利性。我習慣稱自己的廚房為LAB（實驗室），看來往後還會有許多有趣的成品即將誕生。

Photo & text: Naho Masumoto

立冬 十一月十四日

大自然構成的藝術

走在街道上，道路旁散落的落葉和枯枝映入眼簾，其中夾雜著幾株落地的椿花，難以辨認眼前的景象是自然堆積還是人為，但確實構成了一幅讓我忍不住想拍下的和諧景致。無論是對當地居民或訪客來說，都能從這番光景中感受到理想的京都風情。這份美不在於撤除後的整潔，而是享受刻意留下的餘韻，一點減法美感品味。這些本應被清除的植物殘骸，賦予了京都一片獨特風景。

特別是在這個季節，你能強烈體會到當地對自然美的尊重，也能感受到那些維護者的理念，使人感到溫暖。京都的雅致廣受到眾人讚頌，正是來自當地居民對自然的敬畏與美學意識的延伸。

Photo & text: aromateabase

WINTER
285
365

立冬
十一月十五日

蘋果季的翻轉蘋果塔

我很喜歡翻轉蘋果塔，總是引頸期盼蘋果季的到來。「點心工房COLETTE」（焼き菓子工房コレット）的翻轉蘋果塔非常美味，產季期間都會為了品嘗而想一去再去。店主三井素子有法國料理背景，從挑選素材開始便十分講究，並加入不同品種的蘋果，如紅玉、澳洲青蘋、安妮·伊莉莎白、紅粉佳人和紅之夢等，從八月到四月都用當季的蘋果。由於每個品種的口感和香氣都各具特色，實在令蘋果愛好者難以抗拒。而由一對姐妹經營的「le murmure」，這裡的翻轉蘋果塔（如圖）使用青森蘋果農場直送的蘋果，從十一月到早春都有販售。透過低溫烘焙將塔面烤成焦糖色，裡面則保留滿滿的果汁，香氣撲鼻令人陶醉。由於每一季都有結束的時刻，使得這款甜點更顯珍貴。

Photo & text: Aki Miyashita

WINTER

286

365

立冬

十一月十六日

搭公車繞點小路

對京都居民來說，公車是日常的交通手段，往來於如棋盤般的大街小巷。能夠邊欣賞沿途風景邊移動，是搭公車的樂趣所在。我特別喜愛經過鴨川那段路程，每次路過四條大橋或賀茂大橋，都感覺特別舒適。無限次的一日乘車卷票價七百日圓，而單趟車資是二百三十日圓，所以若你會搭乘超過四趟，一日票會更划算。能自由上下車這點令人開心，我經常中途下車買麵包，或探訪關注很久的店家。雖然有時會因此花更多錢，但在京都繞點小路總是格外有趣。總覺得隨興搭上公車，遇上感興趣的地方就下車走走很有趣。

不過，萬一時間有限搭計程車或電車會更方便。根據目的地和自身步調巧妙地組合不同的交通手段，路程會更加順暢。

Photo & text: Aki Miyashita

立冬

十一月十七日

松果三不猴

不見、不聞、不言。我找到了三隻松果做成的小擺飾。拳頭般大小，利用樹枝切面當作耳朵和臉，而且都有眼睛和鼻子，做工相當精緻。三不猴以幽默的動作呈現出非禮勿視、非禮勿聽、非禮勿言的處世之道。雖然因為松果蓬鬆的造形，我一度以為它們是三隻羊，但看久了確實更像三隻猴子。

當你以參拜後沉靜下來的心觀察周遭，總會留意到來自他人的小小善意。這也傳遞了「森羅萬象，萬物皆有靈」的自然崇拜觀念。在今宮神社，雖然每個人都是帶著各自的願望前來祈求，但八百萬神明的小小使者，似乎拜託在我們：祈求前，要先整頓好自己喔……。這是無需聆聽或告知，張眼便能感受到的訊息。

Photo & text: Miki Yamanouchi

立冬　十一月十八日

親子同樂的水族館

京都車站附近的梅小路公園內有一家「京都水族館」。雖然規模不如大阪的海遊館那麼大，卻可以近距離地觀賞大山椒魚、海豹、企鵝等各形形色色的海洋生物，現場還有海豚秀。

我們第一次看海豚秀時，這些海豚似乎對表演不太感興趣，完全忽視工作人員的指示，在舞台上和水中來來回回地逕自玩耍起來，那自由自在的模樣倒也挺有趣。但前陣子，睽違數年後再度前往，發現牠們的技巧已經嫻熟到令人驚訝。五歲的女兒好幾次要我把她抱高高，好看清楚游動的企鵝和魚群。至於兒子則是邊苦笑邊觀賞著，似乎完全忘記他幾年前也做過一模一樣的事。看來無論如何，每次來到這裡，我的手臂都會留下幸福的肌肉痠痛。

Photo & text: Takuma Oshiba

WINTER

289

365

立冬

十一月十九日

週末，騎自行車去桂川

走過嵐山渡月橋，抵達稍微接近桂川上游之處。這裡既寧靜又悠閒，是我最喜歡的地點之一。比起刻意規畫的野餐行程，我或許更常來此隨興地四處散步。望著河川放空一陣之後，騎上自行車稍微走一小段路，就有一間緊鄰觀光景點仰賴人潮的咖啡小站，讓我得以稍作休息或就近找些點心吃。

這套行程既能輕鬆感受大自然又能很快踏上歸途。既然特地來到這裡了，我通常會挑一間附近的寺廟或庭園去參觀，或者可能出現在旅遊指南上的寺廟神社，每次欣賞一點。我來嵐山大多是騎自行車，除了可以迴避塞車問題，還隨時順道拜訪一些離車站較遠的寺廟。回程時我會順道去「森嘉」買些豆腐當作伴手禮，讓整個旅程充滿自在的樂趣。

Photo & text: Mitsuko Morishita

WINTER

290

365

立冬

十一月二十日

堀川通的銀杏大道

堀川通是一條位於京都正中央，與鴨川平行向北延伸的寬廣大道。路中間的綠化帶，大約從今出川通到紫明通之間種植了一整排銀杏樹。

對於久居此地的我來說，這是再熟悉不過的風景，甚至以為隨處可見，沒想到就連在京都也屬於季節限定名點。

正因為是高樓矗立的主要道路，加上日照差異，有些樹木在初秋時分便紛紛轉紅落地，增添了一份艷麗風情。而晴空之下，走在這條上看著一列銀杏樹由綠轉黃，真的會被這片大自然色彩震撼，為之驚艷嘆息。銀杏葉於空中飛舞，以及落地織成的金黃絨毯如同電影畫面。由於少有行人，才得以保持這份美好。相信任誰都會想漫步在銀杏大道上，就近拍下這片風景。

Photo & text: Natsuko Ishikawa

WINTER

291

365

立冬

十一月二十一日

結束無盡夜晚的一碗拉麵

儘管我對當今人們習慣用拉麵當收尾的飲食文化感到擔憂，但位在不眠街區——木屋町的「大豐拉麵」，卻成為了能讓人安定內心的存在。

這家店就在木屋町通上的一條小巷中，營業至凌晨六點，日復一日地滿足了許多酒客的口腹之欲與心靈。

濃厚的黑色醬油湯底，搭配含水量較低，容易吸附湯汁的中細直麵。再放上叉燒和大量粗切蔥花，就完成了一碗外觀相當吸引人的收尾拉麵。

而且，這碗拉麵的味道比看起來還要有深度。

還有，這裡的餃子也十分美味。會讓你忍不住為了搭配煎餃，而脫口追加「最後一杯」啤酒，然後不知不覺間待到太晚，這點還請多加留意。

Photo & text: Yuki Homma

小雪 十一月二十二日

偶爾會去的河井寛次郎紀念館

東山五条和清水寺附近，有一間紀念館公開展示陶器工匠「河井寛次郎」的住宅與工作場所。館內不僅僅陶瓷作品，連同整棟建築、家具和日用品都是由他親自設計，其獨特世界觀深深吸引我不時重訪。

喀啦喀啦地打開拉門往內走，脫鞋後來到接待處。這裡沒有指定參觀路線或導覽，感覺倒像受邀來拜訪河井家，任由訪客自由參觀。「這裡可能是的老位子吧」、「會用那個轆轤來創作作品吧」邊觀賞邊想像他生活的樣貌和工作姿態，這棟彷彿能栩栩呈現當時人們的建築，不管來幾次仍有新鮮感，很不可思議。展示作品會隨著季節更換，偶爾遇到住在這裡的貓咪是額外驚喜。每次來都會湧現想創作好作品的心情，對我來說是很重要的場所。

Photo&text:Mitsuko Morishita

小雪 十一月二十三日

散步兼楓葉巡禮

不必特地遠行，就能在散步時欣賞到紅葉，這是京都的好處。紅色、橘色、黃色，各種色彩交錯，正是「錦秋」一詞的絕佳寫照。

我有許多特別喜愛的賞楓景點，但腳步卻走向真如堂。此處本堂與楓葉形成鮮明對比，非常引人入勝，能夠悠閒地觀賞楓紅景致。南禪寺天授庵的枯山水庭園和池泉迴遊式庭園都非常美麗，每次看都讓人心馳神往。庭園中的池塘映照著楓樹，紛紛落下的楓葉也形成一幅如畫美景。今熊野觀音寺，雖然距離市中心不遠，卻散發出山間寺廟的意趣，彷彿被楓葉包圍。

陰天時，楓葉會看起來較為黯淡，所以請務必趁晴天時欣賞。楓葉在陽光映襯之下，呈現出一股莊嚴之美，與櫻花有種不同的激昂感。

Photo&text:Aki Miyashita

WINTER

294

365

小雪　十一月二十四日

洛北的登山纜車

當我抵達比叡山山頂時，正巧遇上晚秋一片如熾熱火焰般的豔麗楓紅。

回頭望去，京都街道在暖陽烘托之下，反而顯得有些灰藍調。

叡山纜車雖然僅約約三分鐘路程，卻能從車窗後方看到逐漸縮小的俗世，至於階梯式的月台，則可以俯瞰如同被山巒緊握掌中的市街全景，一路上接連出現許多絕佳觀景點。

到了山的另一側，你可以遠眺琵琶湖，沉浸在遠離塵囂的旅遊氣氛之中。

「遊山玩水」是指為了散心而外出遊玩，搭乘電車、老式列車或歷史悠久的纜車，再轉換交通工具之間，一邊悠閒地欣賞美景，一邊前往目的地，這種山遊之樂也是相當好。

Photo & text: Miki Yamanouchi

WINTER

295

365

小雪 十一月二十五日

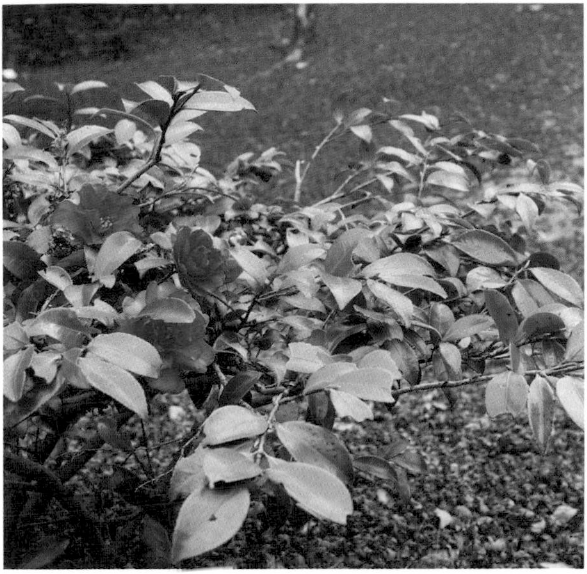

時刻變化的色彩

寺廟或佛院的色彩，幾乎都是使用較鮮艷、對比強烈的顏色來呈現極樂淨土的意象。例如紅色鳥居、五色幕這類配色都十分引人注目。

在色彩並不豐富的時代，這些顏色背後都隱含著歷史痕跡。欣賞時間及光影帶來的色彩變化，也是一大樂趣。早晨朝陽升起前、日落夕陽景致，以及日間繁華景色都各有魅力，而在雨天或多雲的日子裡，風景彷彿被一層昏暗濾鏡所覆蓋。古早時期，由於室內沒有日光燈這類明亮光源，只能憑藉蠟燭微光來照明，所以透過這種光線來欣賞那個時代的物品，或許能讓我們看到現代光線之下所看不到的，柔和且充滿深意的色彩和形態。

Photo & text: aromateabase

小雪　十一月二十六日

用紅筆在額頭上寫「大」跟「小」

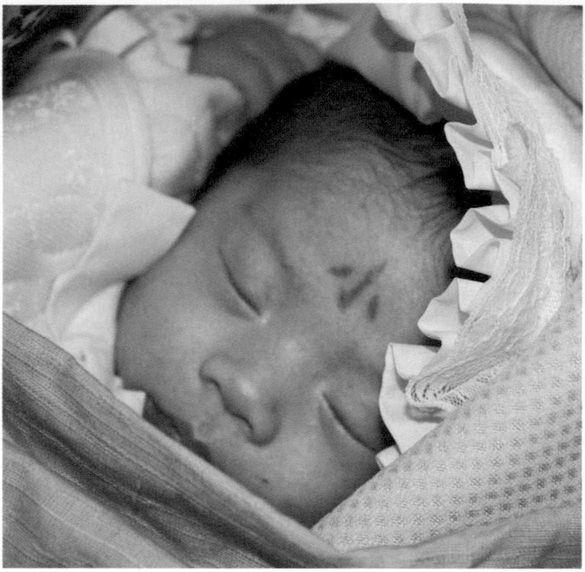

大約出生後一個月，當新生兒一點一點張開眼界，這時會舉行人生第一次的儀式——前往神社參拜，這是為了祈求孩子健康成長的傳統祭神儀式。京都至今仍保持用紅筆在參拜嬰兒額頭上寫文字的作法。男孩會寫上「大」，希望他們能健壯且充滿活力地成長；女孩則是「小」，期盼她們能溫柔且健康地成長。據說由祖母來抱嬰兒是傳統做法。不由母親抱孩子，一方面是為了照顧母親分娩後的身體，另一方面，過去認為生產是一種「不潔」的行為。所以參拜儀式也兼具為母親「淨身」、「祝賀」，以及「孩子成為氏子」的涵義。

這種期盼嬰兒茁壯成長，滿懷祝福的儀式，至今仍代代相傳。附帶一提，額頭上沒有「中」這個字的選項喔。

Photo & text: Tomoko Tsuda

小雪 十一月二十七日

將生柿子製成柿餅和醂柿

花背地區有許多柿子樹，但絕大多數都是生柿子，直接吃會有很重的澀味，但經過處理之後，甜度甚至超越甜柿。

柿子收成時，會使用前端剖成V字型竹竿，牢牢插進結了柿子的樹枝，然後用旋轉的力道折斷，而此時不讓柿子掉落是一大挑戰。採收的柿子會製成「柿餅」或「醂柿」。花背地區因為濕度較高，只把柿子掛在屋簷下會很難晾乾，所以必須適時將柿子放在暖爐上面烘烤。

至於醂柿，則是在柿子蒂頭沾上燒酎，再放進袋子裡密封數日來去除澀味。將生柿子放進稻草中也有同樣效果。大顆柿子在經過去澀處理之後，質地會變得柔滑許多，吃起來味道自然甘甜，如同高級果凍。

Photo: Kenji Sadakane / text: Yuki Egusa

WINTER

298

365

小雪　十一月二十八日

拜訪與自然共生的漆器藝術家

「GODAI SHIKKI WORKS」是由居住在花背的漆器藝術家川勝五大所創設，他的作品既輕盈又堅固，雖然使用易吸收生漆且柔軟的桐木，但考慮到餐廳用器皿的耐用程度，他會用布料包裹器皿，多層塗抹生漆來進行補強。即使是大盤子或托盤這類大型器皿，也輕盈到令人驚訝。由於非常堅固耐用，即使是有孩子的家庭也能放心使用。當我自己也移居鄉間後，就更加欣賞他作品的大器和與自然共生的靈活度了。從培育漆樹開始，到山中砍伐桐木、乾燥、雕刻、塗上漆，就算生活在嚴峻自然環境中，他的住處無論是用木柴來加熱洗澡水、手工製作的實驗淨化槽，或一座能溫暖全家的燃木暖爐，都毫無疏漏。而他的作品也與這種生活方式一脈相承，每一件都是獨特且真摯的創作。

Photo & text: Natsuko Ishikawa

WINTER
299
365

小雪　十一月二十九日

一家四口澡堂行

如果要我列舉一件京都生活中的妙趣，我會回說是公共澡堂。從澡堂出來後，一家四口騎著兩輛自行車回家。那種在臉頰發燙時感受到的涼風舒爽感，是其他時刻無法體驗到的。

從五條大橋沿著高瀨川走幾分鐘，就會抵達一間由二十多歲年輕人接手重新裝潢之後，變得非常知名的「三溫暖梅湯」（サウナの梅湯），這是我們家常去的澡堂之一。二樓的刺青工作室也很有存在感。

由於帶著孩子不能進入三溫暖，而且也得制止他們奔跑或吵鬧，所以很難好好休息放鬆。即便如此，每天還是會問他們「要去澡堂嗎？」，聽到「好」的回答總是令我開心。現在計算他們還願意一起去澡堂幾次，或許還太早了些吧。

Photo & text: Yuki Homma

小雪 十一月三十日

京都的兩大中華料理譜系

京都的中華料理很美味。在厭惡重口味的祇園等花街中發展的京都中華料理，其特點是少蒜、少油，並且不使用強烈香辛料。取而代之的是使用高湯來調味，所以口味較為清淡爽口。

京都的中華料理有兩大流派，其一是在二〇〇九年夏天突然收店的「鳳舞」。另一個則是承襲北京料理的「盛京亭」，這間店位於祇園旁的巷弄內，以炒飯聞名。「鳳舞」的味道，由於深受某位常客的喜愛，便邀請前主廚以「廣東料理鳳泉」的名號重新開張，位在京都市政府附近，儘管店面看起來樸素，人潮卻是絡繹不絕。鳳泉的豬肉炒木耳、廣式鮮蝦撈麵等都是必點菜色，已成為我每次前往京都，必定造訪的口袋名單之一。

Photo & text: Mikiko Toshima

WINTER

301

365

小雪 十二月一日

深受京都人喜愛的京番茶

乍看之下，如同枯萎落葉。但卻是京都家庭的日常用茶。提到京都，宇治抹茶在全世界都非常有名。那麼在最高級的抹茶產地，最受眾人喜愛的是什麼茶呢？是抹茶、煎茶、焙茶、玄米茶，還是麥茶？

其實，還有一種有別於上述種類的茶，那就是除了京都以外較少見的「京番茶」。雖然原料跟抹茶或綠茶都用相同茶葉，卻沒有經過揉捻這道工序，而是保持葉片原形進行用鐵鍋翻炒出一種獨特氣味。這種帶有煙燻味的香氣，有些人可能會喝不慣，但這股味道會在冷卻後稍微散去，突顯出原有的茶香，非常適合搭配各種料理。與煎茶相比，苦澀味較淡，口感溫順，這也是京番茶長期受到喜愛的原因之一。

Photo & text: aromateabase

小雪

十二月二日

給孩子的古早味樂園

「大家好啊～！」

一進入大門，首先出來迎接的是一隻會說話的巨大霸王龍。對熱愛恐龍的孩子們來說，這就足以牢牢抓住他們的心了。進一步探索，你會發現充滿樂趣的各式科學展示及天象儀。「京都市青少年科學中心」是個不管來幾次都不會膩，專屬於孩子的天堂。

從大人角度來看，這裡的魅力可能在於某種古早味。這所科學中心的歷史已經超越五十年，始於昭和四十四年（一九六九年），古老的展示設備，充滿著濃濃的昭和時代氛圍。即使不是嶄新設備，孩子們卻能在此開心地學習。而家長也能與孩子一同回味往日時光。每次來心情都會莫名雀躍起來。

Photo & text: Yuki Homma

WINTER

303

365

小雪 十二月三日

南京櫨的光明

這是一款天然蠟燭。南京櫨（烏桕）是在京都御苑或鴨川沿岸相當常見的行道樹之一。

每到這個時節，南京櫨樹上會結滿如白豆般的果實，像是掛在枯樹上的小雪球一樣。也因為是鳥類喜歡吃的食物，地面上很常看到被鳥兒啄落的帶果樹枝。

現在可能比較少人知道，這些白色果實有一個很稀有的特性——天然蠟質。因此若有火源接近，果實會像蠟燭一樣點燃。

據說古時候，人們會收集這些蠟來作為燃料。由於只是顆小小果實，燃燒時雖然會立刻產生如照片中美麗火苗，但很快就會熄滅。假如你發現了這個古早光源，不妨試著點燃看看，欣賞一下那稍縱即逝的火光吧。

Photo & text: aromateabase

小雪 十二月四日

在古民家展開生活

誰不曾夢想過一次住在町家或古民家之中呢？我家是建於江戶時代、已有二百年歷史的老房子。這是我婆婆的老家，我們繼承之後，就委託當地木匠針對梁柱與地板下的地基進行大幅翻新。至於鋪地板和塗上灰泥、貼和紙等作業，則由我們自己完成。當我們想換一扇新門時，發現當地店家早已關門大吉，所以我們只好到京都市內一條有家具街之稱的夷川通上尋找建具屋（門窗專門店）。買了賞雪拉門之後，卻發現不太容易拉上拉下。仔細一看，拉門側邊有一個細縫，裡面插著一根彎曲的竹片，像是個固定用彈簧片。這一片賞雪拉門裡，充滿了令人感動的古老智慧和精細工藝。可惜聽說那家店還沒有接班人，希望京都目前仍保有的町家和古民家，未來也能一直傳承下去。

Photo & text: Eriko Ueda

小雪

十二月五日

朋友夫妻經營的旅宿廚房

堀川中立売附近的西陣，有一棟規模較大、重新翻修過的町家，由我一對朋友經營的旅館。我們從旅館開業之前就認識了，從未想過他們夫妻開的旅館會在米其林指南中摘星。當初我們只是酒友，在經歷許多事情之後，成了彼此信賴的好友。我也跟他們諮詢所有關於「草與書」（草と本）這個活動空間的營運。如果沒有這對經營「京旅籠無限」（京旅籠むげん）的永留夫妻檔，我大概也不會想到要自己開一家店吧。從翻新破舊的町家到空間布置，我們有很多共同話題——雖然「草與書」的規格不如「無限」，但他們也激勵了我想做到最好的決心。特別喜歡京旅籠無限的廚房吧台空間，炊飯時冒出的蒸氣、一縷陽光投射進來的景色，都令人無比舒適。

Photo & text: Nao Daimon

WINTER
306
365

小雪 十二月六日

不僅止於口味的魅力

河原町丸太町上的「元祖拉麵大榮」（元祖ラーメン大栄），儘管賣的是正統京都拉麵，卻是那種讓人吃不膩的好滋味，店內總是高朋滿座，擠滿了常客。另外一個大受歡迎的特點，就是切片極薄滷得十分入味的叉燒，總是大方地奉上滿滿一碗，這或許也是受歡迎的原因之一。

只不過，京都畢竟是日本為數不多的拉麵激戰區。只仰賴拉麵的口味很難持續經營下去。

我關注到那位戴著七顆閃亮耳釘、銀色短髮的女老闆。她將白襯衫的領子立起，挺直背脊，接待客人既不諂媚又讓人覺得舒適。毫無疑問，除了美味的拉麵，她的存在同樣是這家店的獨特吸引力。

Photo & text: Yuki Homma

大雪

十二月七日

十二月的醃漬鮭魚

一到十二月我就會開始製作醃漬鮭魚，為新年做準備。使用剖成半面的北海道產鮭魚乾，先在花背住家放置數天，再用洗米水浸泡，有些地方會用酒或醋來浸泡。至於蔬菜，我都選用粗一點的聖護院白蘿蔔，先稍用微鹽漬過，再加入鹽、米麴和昆布來醃漬。我還引進了北海道口味，加入高麗菜、胡蘿蔔等各式蔬菜。「以前大家都會一次醃很多裝在木桶裡一路享用到春天，還有人喜歡把醃漬鮭魚放到爐火上烤一下再吃。」醃漬過的鮭魚氣味有點獨特，但我自己很喜歡。除了鮮味十足的醃漬鮭魚，煮得甜甜鹹鹹的「鮭魚蕎麥麵」和「鮭魚昆布卷」也很有名。冬天時可以加入白蘿蔔，春天時撒點山椒，夏天時搭配茄子、秋天跟芋頭一同烹煮都很美味。

Photo: Kenji Sadakane / Text: Yuki Egusa

WINTER
308
365

大雪

十二月八日

享受京都的喫茶文化

無論知名與否，京都押小路通上有許多品味出眾的店家。從烏丸通向西行，你會看到一塊寫上「COFFEE」的藍色招牌，這是由京都喫茶文化守護者所經營的「喫茶Madrague」（喫茶マドラグ）視覺標誌。

來這裡絕對不能錯過他們的雞蛋三明治。這款三明治，承襲自一家已不復存在，極受歡迎的洋食店配方，是只有在這裡才能吃到的味道。

店主不僅繼承了這款雞蛋三明治。這家店從昭和時代開業之後，已有長達五十年歷史，店內裝潢和擺設，仍保留著那個時代的風采。

這不只是一家美味、時尚且舒適的喫茶店，更是充滿了堅持與獨特魅力的珍貴店家。

Photo & text: Yuki Homma

WINTER

309

365

大雪 十二月九日

讓身體開心又安心的便當

京都人盡管平日過得簡樸，但遇上特別的日子便會毫不吝嗇地奢侈一下，因而發展出一套獨特的「外送文化」。近年來，因京都盛行尋找生活中的小確幸，訂購精緻餐盒或外燴服務的人數不斷增加。出町柳的「保存食lab」、即將遷址到大德寺附近的「ototojet」、嵯峨嵐山的「日音色」……等，都是我主辦的環市中大受歡迎的店家，提供有益於身體健康的餐盒。二〇二一年，二条城北側新開的「圓桌」（円卓），也因為主打京都當季蔬菜的季節性便當而聲名大噪。他們用心對待食材，製作出滋味豐富的料理，能讓你靜靜地體會到自然之美、尊嚴與力量，令人心靈為之喜悅。而圓桌每個月都會舉辦幾次特別企劃，工作室也對外開放，有路過的話不妨順道去參觀看看。

Photo & text: Natsuko Ishikawa

大雪

十二月十日

在「出町座」的時光

位於出町桝形商店街中段的「出町座」，原本是一家藥局，後來經過翻修成為一處身兼電影院＋咖啡館＋書店的文化據點。這家電影院是繼承日本電影的發源地，由中京區的前立誠小學校舍改建的「立誠影院」，於二〇一七年十二月二十八日開幕。咖啡館「出町座的底層」（出町座のソコ）的吧台周圍，還能看到書店「CAVA BOOKS」堆疊到天花板的書籍。這裡的兩家迷你影院，專門放映大型影院少有的經典之作，吸引了許多電影愛好者。現場也會不定時舉辦與當期電影相關的展覽、簽名會和講座等活動。看完電影之後，你可以在氣氛悠閒的商店街挑選些小菜，或繞到知名的「出町雙葉」（出町ふたば）買幾顆豆大福。這是一家貼近日常生活的電影院。

Photo & text: Mikiko Toshima

大雪　十二月十一日

針線間的冥想，這裡就是天堂!?

那些等待修繕的衣物，像是我兒子的褲子，就算修改好了還是會不斷增加。

我去伏見的「Freespace夜半時分」（ヨルの真ン中），參加「mirumani」（みるまに）經營人——中組溫子所舉辦刺繡與靈數學活動，現場參與者都很享受刺繡或修補物品的樂趣。而由點心屋「Undertree」提供的米粉烘焙點心，口感輕盈，讓人度過了幸福的點心時光。獨自縫補衣服是十分乏味的工作，但當眾人聚在一起聊天，時而討論政治，時而談論自由學校、旅行或不同店家的話題，偶爾放空地扎上一針，簡直就像小小的冥想活動。

很希望能像這樣，盡量將日常容易停滯不前的工作，變成有如團體祈禱或祭典般的熱鬧時光，為生活添加一些魔法。

Photo & text: Natsuko Ishikawa

大雪

十二月十二日

實現夢想的裁縫店

雖然許多地方都有專門訂製洋裝的設計師，但京都的這家「日服」工作室堪稱別出心裁、與眾不同。

每當心愛的衣物不小心破了一個洞，只要交給日服處理，他們會為你進行完美地修補，讓你最後有種拿回了一件全新衣服的感覺。

不僅如此，無論是為孩子的畢業典禮訂製服裝，或是打算在按摩沙龍使用的抗髒耐油圍裙，甚至是甜點店裡用來放茶具的墊子，他們都能為你量身打造出夢想中的專屬訂製品。店家溫和、大方的態度深受信賴，而精緻又細膩的製作手法，更使得這家店成為世界上獨一無二的訂製品裁縫店。

Photo & text: Eriko Ueda

WINTER

313

365

大雪

十二月十三日

特意在住家附近外宿一晚

為了體驗住宿樂趣，我們選了一家只要騎腳踏車就能抵達的飯店，竟也帶來了意想不到的趣味。像是被非日常性的室內裝潢吸引、聊天到深夜、放空發呆，脫離日常生活脫離一整天，對我們家來說可是件大事。

儘管每天在家可以透過電話說很多話，但這兩天一夜的時間裡，由於遠離了平日的忙碌，我們不知不覺拉近了彼此的距離，開始談論起平常不會觸及的話題。這種不同於日常的對話，讓人感覺彷彿踏上了一場旅程。享用著與平常不同的早餐，當作正在出遊旅行，一大早就去鴨川走走，或繼續在床上懶洋洋地躺到中午，都是開始嶄新一天的奢侈選擇。看來，旅行真的無關乎距離。

Photo & text: Mitsuko Morishita

大雪 十二月十四日

傳遞宮廷「雅」文化的老店

這裡是京都西陣區。從上京區的豬熊通出水向上走，有一家氣氛如神社般神聖的老店。這家擁有三百年歷史的「萬龜樓」料亭，專門傳遞宮廷在年節儀式中會享用的「有職料理」。這裡由生間流第三十代掌門人繼承，承傳平安時代御所的用餐儀式「式庖丁」。從和室一窺庭院，有隨著四季變換盛開的花朵。青竹上滴落的水珠，匯聚在被青苔覆蓋的蹲踞上，美得奪人心神。蹲踞旁還精心布置著花朵。據說店主每天清晨都會親自在店內各處插上當季鮮花，他身著烏帽和狩衣，手中拿著庖丁刀和真菜箸，舉止優雅。砧板上的魚和鳥，他不直接用手觸碰，而會用庖丁刀切成象徵吉祥的「瑞祥」造形。有職料理的形式之美，唯有此處才能體驗。有機會請務必來此靜心感受京都的莊嚴之美。

Photo: Mankamerou / Text:Tomoko Tsuda

大雪

十二月十五日

至今猶存，比鬼還厲害的鍾馗

祇園、西陣和清水等留下許多瓦屋頂町家的地區，居民會在玄關屋簷放置「鍾馗」的景象極有京都特色。據說從前三条的一家藥店，因為裝飾了精緻的獸面瓦，意外讓邪氣反彈到對面鄰居，害那家女主人生病。為了對抗邪氣，鄰居在屋頂放了一尊比鬼還厲害的鍾馗雕像，結果女主人痊癒了。從此京都大街小巷都在流傳鍾馗可以驅魔和避邪。雖然鍾馗像因古老町家損壞而逐漸減少，但和菓子店伊勢源六橘屋（伊勢源六たちばなや）的屋頂上，仍可見到一尊氣勢雄渾的鍾馗像。當你走在街上，能遇見各種姿態的鍾馗，有的抬頭仰望，有的肚子像布袋和尚般渾圓飽滿。我的陶藝教室中，也有不少學生會親自做一尊屬於自家的鍾馗像。下次走在京都街頭，不妨多留意一下屋頂上的身影。

Photo & text:Tomoko Tsuda

WINTER

316

365

大雪

十二月十六日

自製麴調味料

我常會用麴來做成各種調味料，而且幾乎每天都在使用。

利用米麴將澱粉糖化而成的甘麴，也可以用於甜點，加上我的米麴使用量很大，所以想自己動手做看看，而開始了反覆嘗試如何自製米麴。

最初試著完全按照書中指示來做，頻繁檢查發酵溫度，小心翼翼地照顧米麴，但後來突然想到，「我不是在培養來路不明的細菌耶，既然已經撒上麴菌了，不可能會失敗。只要配合麴菌的喜好來調整細節就好。」所以，我現在只考慮該如何調整到最佳環境來製作。最終完成的米麴成品，散發出獨特美好的香氣。我做了各種麴調味料，只要少量加入料理中，就能讓辣味、酸味等較刺激性味覺柔和許多，滋味顯得更加豐富。

Photo: Kenji Sadakane / Text: Yuki Egusa

大雪

十二月十七日

用朋友的餐具來盛裝

擁有多家美術、藝術大學的京都，培養出許多作家、當代藝術家和傳統工藝匠人投身創作領域之中。每個人都有自己偏好的創作者或陶藝家吧。而我最欣賞的是一位我大學時期認識的友人、開設「Dona ceramic studio」工作室的入江佑子。

她在西賀茂成立了自己的工作室，主要從事陶瓷創作。作品特點是在恰到好處的留白中，呈現出溫暖的白色及美麗造型。會讓人想直接拿來盛裝料理，是很適合擺盤的器皿。另外，融入了各地海砂的物品與飾品都十分受歡迎，展現出她獨有的品味。

到了十二月，許多朋友和熟人都會聚在一起。當我用dona的餐具盛裝料理端上桌時，大家都會稱讚「這個好漂亮喔！」讓我覺得特別開心。

Photo & text: Naho Masumoto

大雪

十二月十八日

昭和時代流傳下來的毛玻璃

關於歲末年終的斷捨離與過渡期的貴重物品。在京都，可以看到許多受到嚴密保管和保存的歷史遺物和建築物。這些物品的歷史價值，有時會隨著時代變遷而被再次發現或重新評價，儘管如今在京都仍然不算少見，但某些昭和時代的建築物和日常用品正逐漸消失。特別是生活用品和大量生產的商品，由於稀有性較低，較難獲得美術品級別的待遇。

這種毛玻璃經常用於昭和時代的建築中，但現在已經停產，也無法買到全新產品。因此是否要留下這些物品，取決於我們的判斷。昭和時代建築將以重建為主流吧。然後大多數的日常用品也會被丟棄，在那之前，希望人們能重新思考這些物品所具備的價值。

photo&text:aromateabase

大雪

十二月十九日

與香氛一同旅遊的時光

北山的「maka」是由調香師青木幸枝經營的店家。店內秤重販售的調和草本茶十分受歡迎，總是能帶給人一種輕盈感。

香氛擁有「引領人們步向未來使其展現原有魅力」的力量。我預約了一對一的調香體驗，想嘗試藉由香氣激發出來的印象，來重新連結沉睡的記憶，喚醒深藏於心中的感受。這是一段「感受當下自我，深入了解自己需要什麼」，有如旅程般的時光。

不久後，我收到了maka為我量身打造的香氛產品。感覺如同一個能觸動自我的新型態護身符。這個能幫助人調節自我感受與舒適度，成為心靈支柱的場所，讓我想推薦給身邊重要的人。

photo&text:Natsuko Ishikawa

大雪 十二月二十日

咖啡館老闆娘的優雅書法

對城市喧嘩感到疲憊，想沉澱一下內心時，我會去左京區爬吉田山散散心。說是山但其實只是高約一百公尺的丘陵。吉田山位於吉田神社境內，又稱神樂岡，是當地居民的休憩之地。當我享受著穿越枝葉而撒落的日光、搖曳葉片的清風、草木與土壤的香氣、鳥兒啼囀，沿著草樹茂盛的山路前行，被薄霧籠罩的心彷彿也獲得了淨化。帶著這份心情，我下山來到東側的「吉田山莊」。這棟建於昭和七年，前身是東伏見宮家的別墅建築，現已成為一家旅館。當我終於能在旅館附設的咖啡店「真古館」坐下好好休息時，才發現端來的咖啡和蛋糕旁，是行雲流水的書法字跡。據說是吉田山莊的老闆娘，依照不同季節寫下的和歌。我帶著這份微小卻能觸動內心的體貼，重新回歸都市的喧囂之中。

photo&text:aromateabase

大雪 十二月二十一日

冬季漬物・蘿蔔乾

從十一月開始曬乾的白蘿蔔，當乾燥到彎曲成「く」字形時，就可以開始製作「蘿蔔乾」。由於只有一、兩根不容易操作，但十根、二十根又太多，根本吃不完。於是，每年大家都會聚在一起醃漬整桶白蘿蔔。將完全乾燥的白蘿蔔、鹽、米糠、少量唐辛子和昆布交錯放入，然後用重物加壓。雖然只能慢慢脫去水分，但只要看到桶中的水位上升就可以放心了，大約一個月之後就能品嚐到美味的蘿蔔乾。花背當地的居民會加入柿子皮、茄子葉和莖一起醃漬。既然眾人已經集合，有時還會一起將稍微日曬過的白菜，用米糠和鹽進行醃漬，或將大顆的聖護院蕪菁做成千枚漬。剩下的蔬菜和聖護院蕪菁皮，則用來製作切片漬。這是與夏季糠床醃漬法不同的冬季米糠醃漬法。

Photo: Kenji Sadakane / Text: Yuki Egusa

冬至　十二月二十二日

冬至的柚子浴

由於京都重視吉祥物和時令儀式的文化根深柢固，所以我覺得一定有許多人家會在冬至這天泡柚子浴。

各位知道日本栽種柚子的起源地是京都嗎？大約十四世紀，日本首度種植柚子的地方，據說是右京區的水尾一帶。由於此地海拔高於其他產地，氣溫相對涼爽，所以種植出的柚子香氣尤其濃郁。只用來泡澡未免浪費，不如做成一年四季都可以享受其酸甜和香氣的保存食品吧。我個人最推薦柚子果醬。柚子含有豐富的果膠，而且即使是初學者來做也不容易失敗，成品堪稱美味又上相。此外，加一點味噌在果醬就成了柚子味噌；倒入醬油就是柚子風味的照燒醬，柚子不僅限於製作甜點，還能廣泛活用於各式料理中。

Photo&text:aromateabase

WINTER
323
365

冬至　十二月二十三日

絕佳的派對大餐，烤牛肉

隨著派對季節到來，我們會準備形形色色的料理，有時也會買自認為好吃的食物來招待大家。這種時候，我最先想到的就是位於北山大宮附近「Kawakita屋」（かわきた屋）的烤牛肉。

店家會將油脂充足的高品質烤牛肉切成薄片，但吃起來卻口感十足，放進口中的那一瞬間，牛肉甘甜如融化般在嘴裡擴散開來，令人回味無窮。據說店主川北先生年輕時曾立志成為畫家，於是前往歐洲學習繪畫。結果卻被當地美味的香腸與火腿深深吸引，進而自學其製作方法。除了烤牛肉，店裡還有多種極品火腿、香腸和其他小菜，令人目不暇給。欣賞店內裝飾的一些畫作，也是購物時的樂趣之一。

Photo&text:Naho Masumoto

冬至 十二月二十四日

草莓蛋糕與樹上燈光

每次要購買整顆蛋糕時，我女兒都會指定要有滿滿鮮奶油的草莓蛋糕。相較於現代風格時尚的蛋糕，她堅持只要那種存在已久的老派鮮奶油蛋糕。因為女兒的這番要求，多年來，每逢聖誕節跟她的生日，我都會跟八坂神社旁的「長樂館」預訂蛋糕。

每年去拿聖誕蛋糕，我都會就近把車停在建築物前能停車的區域。店門口的大樹每年都會裝飾成聖誕節版本，於是在天黑之後去領蛋糕，成了我內心的小小期待。這棟充滿明治時代風情的建築物，與巨大聖誕樹上閃耀的燈光相映成趣，我特別喜歡在寒冷空氣中凝視著它，這也成為一項冬季慣例了。

Photo&text:Nao Daimon

WINTER
325
365

冬至

十二月二十五日

一期一會的聖誕和菓子

有一家喫茶店「MINORI菓子」（みのり菓子）每逢週三、週四會在「草與書」營業。這位曾在老字號和菓子店工作的女士所製作的和菓子很有個性，與一般和菓子有些不同。其中許多款式，因為造型緣故無法提供外帶，會裝在店主欣賞的陶藝家所製作的器皿中，再附上湯品一同供應，是真正意義上的一期一會。由於都用當季毒食材製作，所以大約每隔兩週就會替換款式。為了呈現十二月的聖誕氛圍，她創作了這款在酸甜草莓醬上刨上白巧克力來表現飄落淡雪的甜點。閃亮的糖珠據說是代表燈飾光芒，草莓醬的紅色，點綴上銀與白，完美呈現出聖誕色彩。每當這款糕點端上桌，客人都會發出喜悅的感嘆，我也不由得跟著露出笑容。

Photo&text:Nao Daimon

WINTER
326
365

冬至　十二月二十六日

御節料理「棒鱈煮」

每個地區與家庭都有各具特色的御節料理（年節料理）。其中「祝餚三種」或稱「三餚」，亦即黑豆、鹽漬鯡魚子與佃煮小魚乾，都是我心中御節料理必備的元素。還有一道就是這個！每逢歲末年終，便能常在錦市場的魚店或超市看到懸掛在半空，乾燥得硬邦邦的棒鱈。棒鱈就是將新鮮捕獲的鱈魚，花一到二個月日曬而成。充分的日曬能濃縮鱈魚的鮮美滋味，再花些時間燉煮，更能品嚐到軟嫩纖細的口感。鱈魚的Q彈質地和京都風調味，促成了這道美味下酒佳餚。再加上日文「鱈腹」的雙關語，這道菜寄予了「一整年都不缺吃喝」的含義，所以吃鱈魚也是一種討吉利的象徵。京都的御節料理中，這道「棒鱈煮」是不可或缺的美食。如果有機會，請務必品嚐看看。

Photo: AC photo / Text: Tomoko Tsuda

冬至

十二月二十七日

用稻草做成的新年裝飾

我們家年年在簡化為了迎接新年所要做的準備。雖然以前總會準備些什麼，但隨著孩子成長和家庭狀況有所改變，再加上開始經營「草與書」之後，家中的新年準備工作隨之大幅簡化。

儘管如此，我們覺得至少還是要感受一下新年氣氛，所以會在玄關掛上新年裝飾物。最近幾年，我們一直都在上京區舉辦的萬年青市集、環市或其他市集擺攤的「佐藤植物店」選購新年裝飾。他們簡單的設計和質感相當吸引人，而且只用稻草製作真是非常特別。去年年底（二〇二一年），我就對一款用稻草編織成的龜形裝飾一見鍾情。不僅是新年裝飾，其他植物裝飾也同樣極簡、美觀，讓人想收集更多他們家的作品。

Photo & text: Nao Daimon

WINTER
328
365

冬至　十二月二十八日

爲工作收尾的料理筷與浮沫撈勺

十二月最後一堂課結束後，我開始盤點貨架和大掃除，然後換上嶄新的料理筷和浮沫撈勺，象徵為一年工作進行收尾。

料理筷因為每天使用，那些筷尖燒焦或是因碎裂導致長度不一，卻被我視而不見又持續使用的料理筷，若全部一口氣更換而非一雙一雙替換的爽快感超乎想像。由於希望選擇合乎手感的筷子，歷經多次試拿之後，現在「市原平兵衛商店」的擺盤筷和「有次」的料理筷成了我的固定款。

浮沫撈勺對每天煮果醬的我來說，也是不可或缺。有時會直接用火燙來清理網格，所以到了年底就會顯得有些破舊。有次的浮沫撈勺簡單、耐用、價格實惠，幾乎無可挑剔。我過去不知推薦給多少人了，工坊也使用了將近二十年。

Photo & text: Mitsuko Morishita

冬至 十二月二十九日

準備御節料理的眉角

明知年底的錦市場會很擁擠，但我總會以「白味噌要趁鮮吃才行」這類理由為藉口而多次前往。無論是年菜的食材、年糕湯的白味噌或新年裝飾的鮮花，這裡都很齊全。而每年到同一家店購買相同物品，也成為一種儀式般的樂趣，像是黑豆和白味噌只在某間店買。或者心裡盤算著「那家店買的鮭魚最好先冷凍起來？」、「如果大家都在煮些紅豆也不錯」……以新年為藉口不知不覺間買入大量食材，大掃除後空盪盪的冰箱一轉眼又被填滿。我們家的年菜每年都會有一點點變化，先花幾天逐步記錄要買的食材並在三十日前備齊。一到三十一日，就一口氣做好將近二十種菜色，並在一月一日一早盛裝於大盤上。每一道份量都不多，一兩次就能吃完，這也是讓人期待明年菜色的小訣竅。

Photo&text:Mitsuko Morishita

冬至　十二月三十日

年末例行的搗麻糬

每逢年底，京都的麻糬店前總是輕煙繚繞、熱氣四溢，迎來一年中最忙碌的時期。各地接連舉辦搗麻糬活動，晚上還會有慰勞會或忘年會（尾牙）。我們家每年也都會去金閣寺境內的禪寺「普門軒」幫忙。

將二十公斤的糯米蒸熟之後，加入艾草或海苔或包些紅豆餡。隨著呼喊聲，配合節奏迅速揮舞木杵，這個搗麻糬的作業，似乎能換得拋下一整年煩惱的神清氣爽，大家都以感謝之心讓孩子們試著搗幾下。肚子餓了，隨時都可以吃到剛搗好的麻糬（還有準備好的黃豆粉、蘿蔔泥和砂糖醬油！），無論大人還是小孩，都很開心地在現場吃吃喝喝。在太陽下山之前，與親朋好友一起準備新年麻糬的時光，是我們家非常重視的年度活動之一。

Photo & text: Natsuko Ishikawa

冬至 十二月三十一日

跨年夜的「鯡魚蕎麥麵」

嚴格來說，我認為烏龍麵在京都的普及度遠勝過蕎麥麵。即使如此，京都人還是會在跨年夜時選擇蕎麥麵。「跨年蕎麥麵」對日本人來說是年底的重要儀式之一。不少人認為，如果這天不吃蕎麥麵，就沒辦法感覺到迎接新年氣氛。

那麼，提到跨年蕎麥麵時，你會想到什麼樣的蕎麥麵呢？每當年末將近，就會有各式各樣的蕎麥麵供人選擇，但過去的京都，一提到跨年夜最先想到的就是「鯡魚蕎麥麵」。

夾開鯡魚肉時，魚身的油脂與甜甜鹹鹹的甘味融入湯汁中，帶來絕佳滋味，讓整碗麵越吃越濃郁。位於京都南座旁的「松葉」，據說是鯡魚蕎麥麵的發源地，由於京都車站也有分店，搭乘新幹線時請務必把握機會前往品嚐。

Photo: Keigo Ishibashi / Text: Tomoko Tsuda

冬至

一月一日

祭拜大原的氏神

這是遷居到大原的第一個新年。住在神社參道旁的我們，決定在雪中前往江文神社進行新年祈福參拜，並參加當地舉行的歲旦祭。

江文神社位於京都左京區，坐落在金毘羅山山麓，是大原鄉八個村落的氏神。主神是穀物之神「倉稻魂命」（宇迦之御魂神），每年九月也會舉行祈願五穀豐收的八月朔祭。從繁忙的街道行走約數百公尺，會看到在深山中如同時間靜止般的江文神社。我初次前來參拜時，就被這片靜謐和四周山巒的莊嚴氛圍深深打動。

遍地白雪之中，當地少女們擔任巫女，在神社境內舞蹈的景象非常美麗。眾人在中間生火取暖，品嚐新年的屠蘇酒，即使寒冷卻也既溫馨又充滿感謝的時光。

Photo & text: Natsuko Ishikawa

WINTER

333

365

冬至　一月二日

不受時節限制的京都年糕湯

一年之計在於元旦。日本的新年餐桌上，年糕湯是不可或缺的料理之一。吃年糕湯是一項人們祈願平安度過嶄新一年的習俗。京都人會用昆布高湯和白味噌來做湯底，年糕則以圓形為主，不需要先烤過，而是另外煮熟後再放進湯裡。主要食材有白蘿蔔，以及少量的金時紅蘿蔔。這款紅白相間的年糕湯完成後，撒上柚子末和柴魚片。白味噌讓高湯味道變得溫醇順口，喝一口便讓人不住露出笑容。

除了新年，有些店鋪平日也會提供白味噌年糕湯，像下鴨神社附近以發明御手洗糰子聞名的「加茂御手洗茶屋」（加茂みたらし茶屋）。這裡不受季節限制，整年皆可品嚐到白味噌年糕湯。過去總以為年糕湯是家庭料理，但或許出外與不同年糕湯相遇也是很不錯。

Photo & text: Tomoko Tsuda

冬至

一月三日

預購限定的年節料理

京都有許多專營京料理外帶或外燴的店家，每每想著該向哪家訂購年節料理也是一大樂趣。我過去會到外帶專門店選擇單品菜色，再將料理重新裝入自家的重箱中。

近年來，我開始預購京都很受歡迎，而且也是我朋友開的「圓桌」（円卓）年節料理。然而去年（二〇二一年），我被工作追趕到最後一刻，完全忘了預訂，一回神已是十二月下旬。正在煩惱該怎麼辦時，「圓桌」介紹的「工房Ichirin」（アトリエIchirin）IG上顯示「追加募集・限定一組」，我立刻聯絡並預購成功。在岡崎提供烹飪課程及外帶料理的「工房Ichirin」，每一道菜色都精心製作，料理既美觀又美味。幸虧買到年菜才得以迎接新年到來。

Photo & text: Nao Daimon

冬至

一月四日

初釜的甜點，花瓣餅

第一次嚐到花瓣餅時，不免驚訝。因為味噌餡跟牛蒡，在和菓子中算是非典型的組合。但那獨特香氣和味道讓人上癮，現在已成為我過年時的小小期待。花瓣餅（菱葩餅）是裏千家茶道流派在初釜（年初首次茶會）時會吃的甜點。原型來自宮廷舉行「健齒儀式」時食用的菱葩餅。裏千家第十一代宗師玄玄齋因為獲得特別許可，才得以在初釜時享用這款甜點。而「健齒」是一種在新年期間，通過吃硬質食物來強健牙齒，從而祈願長壽的儀式。原本是在圓餅上放上薄薄的菱形餅，再加上白蘿蔔、豬肉、鹽漬香魚等偏硬食材，但隨著時代變遷，這種點心也逐漸被簡化，香魚被牛蒡取代，有時還會加入一些味噌。牛蒡代表深深紮根的好兆頭，讓花瓣餅成為一款適合新年的點心。

Photo&text:Aki Miyashita

WINTER
336
365

冬至

一月五日

華麗的新年裝飾

新年期間，在京都散步時的最大樂趣就是觀賞新年裝飾。在東山跟祇園一帶，你可以一邊行走一邊觀賞旅館、料亭和茶屋等店舖前的新年裝飾。作為邀請年神標誌而擺設的「門松」，與關東地區僅在竹子下方用稻草簡單纏繞上松樹枝葉的做法相比，關西地區的門松顯得更加華麗。這裡有些門松還會在竹子周圍加上葉牡丹、梅樹枝、南天竹、熊笹竹葉和交讓木等裝飾。

至於京都的傳統住宅或寺廟，有些會以稱作「根引松」的帶根松樹來裝飾。作法是用和紙將附帶泥土的松樹根部包裹在中間，再綁上水引繩結。據說門松不是左右對稱，正式架構是由左側針葉粗硬的雄松（黑松），和右側針葉細軟的雌松（赤松）所組成。

Photo&text:Mikiko Toshima

小寒

一月六日

花背的冬日風景

從京都市中心開車不到一個小時就能抵達山谷間的花背地區，跟京都市內唯一的滑雪場「廣河原」同樣受到深雪覆蓋。途經鞍馬之後，四周空氣瞬間冷洌下來，眼前風景令人難以想像是同一座城市。到了早上，在除雪車到來前的整片潔白雪景美到令人感動。但不久後現身的除雪車，反而讓人鬆了口氣。觀察動物降雪後留在地面的足跡也很有意思，那些遍步四處的鹿或狸貓等各種動物的腳印，讓人驚訝地發現原來這裡有那麼多動物經過。不下雪的日子，氣溫似乎更低了，有時甚至低於零下十度。大家經常開玩笑說「冰箱裡都還比較暖和」，但我確實曾因為在較少出入的房間放了一些葉菜類蔬菜，結果全被凍傷，所以後來都乖乖放進冰箱裡了。

Photo: Kenji Sadakane / Text: Yuki Egusa

小寒

一月七日

七草粥與白馬，祈求活力充沛度一年

每年一月七日的「人日節」，人們會享用七草粥，其中包含水芹、薺菜、鼠麴草、繁縷、寶蓋草、蕪菁和白蘿蔔。這道以七種春季蔬菜做成的粥，不但有益於胃，還兼具養生功效。中國人也會在人日節這天，為了祈求嶄新一年祛病消災而食用七種蔬菜做的羹湯。七草粥似乎源自日本宮廷在新年的初子日到野外採摘蔬菜的習俗，與從中國傳來的飲食習慣相結合。同一天還有白馬節會的儀式。據說在年初看到白馬，可以袚除一整年的邪氣。上賀茂神社會舉行白馬奏覽儀式，並現場招待參拜者七草粥。西院春日神社也會舉行若菜節句祭，並於儀式結束之後提供七草粥，在本殿前方展示白馬裝飾。看到白馬，也品嚐了七草粥，感覺新的一年也將充滿健康與活力。

Photo & text: Aki Miyashita

小寒

一月八日

大原火祭「左義長」

新年期間舉辦的火祭儀式「左義長」，是遍存於全日本各地的習俗。在京都稱為「三毬杖」，有些地區可能會叫作「燒歲德」。以前住在西陣時，由於擔心火災風險導致這個習俗並不普及。但在大原三千院，每年的小正月十五日都會盛大舉辦這個儀式，當地就讀大原學院的小學生，也會當作學校活動踴躍參與。作為打頭陣，大原會先在七日前後舉行「左義長」儀式，焚燒新年用的松樹、注連繩和舊的祈禱札，祈求新的一年祛病消災。儀式期間，會提供神酒和用竹子夾著烤的麻糬，據說吃下這些食物，一整年都不會生病。人們還會將前端被烤黑的竹子帶回家，將焦黑的部分朝上放置在玄關處會有迴避災厄的效果。還有一種說法是，燃燒寫上書法的紙，可以讓字寫得更漂亮。

Photo & text: Natsuko Ishikawa

WINTER

340

365

小寒

一月九日

燃燒柴火度日與山的關係

開始用憧憬不已的燃木暖爐之後，我才明白一件理所當然的事情：生火必須有木柴、必須有樹木，必須有山林。雖然用買的也行，但實在太昂貴了。幸好我家後面有一座山，但試著進入山林後，發現山也必須被照顧。倘若放任不管，會導致有害動物增加、土壤品質劣化，使樹木生長不良，山地更容易崩塌。儘管受到群山環繞的京都以盛產兆山杉聞名，但很遺憾現代人的生活已經完全疏遠山林了。如果人們能夠從山上擇木砍伐，經過多年風乾後劈成柴木，將日常光源用火來取代的話，便能成為地球自然循環的一部分了。這麼一想，讓我考慮用燒柴火來泡澡或加建新爐灶。據說新月時砍下的木頭，含水量較少容易乾燥。當你整年都忙於為了過冬而做準備，每一天都會更有「活著」的實感。

Photo & text: Eriko Ueda

小寒 一月十日

惠比壽大祭的惠比壽燒

過完年後，十日惠比壽祭典登場。人們會在一月八日到十二日之間，去京都的惠比壽神社祈求商業繁榮，然後將授予的福笹竹擺放在家中神棚或玄關，據說可以招來福氣。參拜結束之後，別忘了敲敲本殿旁的門板，這個動作是告訴聽力不好的惠比壽神明：「我來拜訪囉」，是個很有趣的小習俗。

現場人潮滿滿的攤販也是一大亮點，其中一個不能錯過的伴手禮就是「鍵甚良房」（かぎ甚）的惠比壽燒。店家會用鐵板烤出餅皮，再巧妙地捏起兩端，做成惠比壽造型，中間包裹著紅豆餡。它滿臉笑容，既可愛又好吃，讓人忍不住也跟著露出笑容，真不愧是福神。惠比壽燒僅在一月九日到十一日的十日惠比壽大祭，以及十月十九日和二十日的二十日惠比壽大祭的兩個期間販售。

Photo & text: Aki Miyashita

小寒

一月十一日

享受初雪的早晨

雖然丸太町一帶的積雪越來越少了。但我早上醒來打開窗戶，即使只看到一丁點雪，就會迫不及待地準備出門。

我的工作地點在御所附近，那裡的砂石路通常不會積雪，但還是會有幾天覆滿了雪。皚皚白雪吸收了周遭聲音，靜謐中是一望無際的純白。對我這種不常看到雪的人來說，連讓腳深陷雪中都感到很開心，持續在雪中走了一會兒。越深入御所，人就越少，站在那片寂靜之中，感覺彷彿進入了另一個世界。

不過，即便積雪很厚到了上午十點多就會開始融化，景色一到下午便恢復如昔。這是能稍稍陶醉又不必費心剷雪，最恰到好處的雪景，但要欣賞京都雪景以早晨為佳。

Photo & text: Mitsuko Morishita

小寒 一月十二日

冬季限定的白花椰菜義大利麵

從河原町五條往南走一小段，然後轉向西側之處有一間店叫「九時五時」。該店正如其名，從早上九點營業到下午五點，供應美味的料理、酒和烘焙點心。

白花椰菜義大利麵僅出現在盛產白花椰菜的冬天。乍看之下像很簡單的香蒜辣椒義大利麵，但麵底下還隱藏著白花椰菜柔滑甘甜醬汁，是一道令人驚艷的佳餚。

我曾有幸與店主大杉女士同行。她每天凌晨四點起床，親自前往中央批發市場，主要採購一些新鮮魚類和當季食材。在她出色的品味及創意組合之下，店內推出的菜色在賣相上也十分亮眼，而在這個季節，最吸引我的一道菜色，莫過於那濃縮了柔和鮮甜口感的白花椰菜義大利麵。

Photo & text: Naho Masumoto

WINTER

344

365

小寒

一月十三日

京都必吃的麵包

你知道京都的人均麵包消費額是全日本第一嗎？關於京都人為何如此偏愛麵包的理由，有種說法是因為這裡有許多大清早就很忙碌的傳統工藝，師傅、匠人，所以他們大多會吃個麵包當作早餐。各地的麵包師都對成為京都的麵包職人有所嚮往，使得京都成為麵包店的激戰區。在激烈競爭之下，有一家特別受矚目的麵包店，那就是「Boulangerie OPERA Kyoto」。

他們主要選用在地食材，並採用需要三天發酵的法國傳統製法來做麵包。兩者融合起來創造出風味和口感獨特的麵包。近年來，他們也在堀川今出川往東，鄰近白峯神宮東側一帶，開了家馬芬專賣店。種類豐富的原創馬芬，非常適合當作伴手禮。享用OPERA用心製作的麵包，是無比幸福的時光。

Photo: Opera-Yuko / Text: Tomoko Tsuda

小寒

一月十四日

欣賞現代建築的傑作

從京都車站搭乘地鐵北行約二十分鐘，便可抵達位在寶池公園旁的「國立京都國際會館」，這裡也是日本首家國立會議設施，曾在此通過的京都議定書，使它成為代表日本的國際會議場地。這是日本建築師大谷幸夫的代表作，被視為現代主義建築的傑出作品。佔地約二萬三千平方公尺的日式庭園（迴遊式庭園）背靠比叡山，與寶池公園相映成趣。從二〇二一年十月開始，即使不是會議參與者，也能透過「ICC Kyoto Open Day」的活動入館參觀。每個月大約會有一次特別參觀會，採限定十五人的定額預約制，館內導覽之旅非常受歡迎。一樓的「NIWA cafe」由京都老字號咖啡店「前田珈琲」所策劃，可以在寬敞且可欣賞日本庭園的空間裡悠閒地享受。

Photo & text: Natsuko Ishikawa

小寒

一月十五日

爲新年招福的七福神之旅

成人之日，就要參加泉山七福神巡禮。前往與皇室有淵源泉湧寺山內供奉七福神的寺院繞一圈，可以獲得綁在福笹竹上的吉祥飾品。整個繞山行程有種定向運動般的樂趣，這個我從小參加的活動，現在也成為我家的新年慣例行程了。七福神是帶來福氣的神明：即成院祭祀福祿壽，戒光寺祭祀弁財天，今熊野觀音寺祭祀惠比壽神，來迎院祭祀布袋尊，雲龍院祭祀大黑天，悲田院祭祀毘沙門天，法音院祭祀壽老人。但泉山七福神巡禮，還會延伸到新善光寺的愛染明王，以及泉湧寺的楊貴妃觀音，成為九福神之旅。你能在每個定點選擇喜歡的吉祥飾品，逐一綁在福笹竹上。像是與惠比壽神有因緣的鯛魚、鶴龜、寶船和福袋等，每一種都很樸實可愛。掛在家中招福，祈求度過幸福滿溢的一年。

Photo & text: Aki Miyashita

WINTER

347

365

小寒

一月十六日

封存蠟梅之美的甜點

寒冷的京都冬日，蠟梅像是領頭般帶來一抹淡淡香氣。它的花期比梅花早，是新年最先飄散香氣的花朵。在北野天滿宮或京都御苑都可以見其身影。

每年我都會製作封存蠟梅之美與香味的季節甜點。當你順著這股香氣嗅聞，便能從黯淡世界中，驀然發現這朵黃金之花。我小心翼翼地採摘花朵，清洗後放入錦玉羹，讓蠟梅花朵沉浸在濃稠的糖蜜之中，藉此保有其原本的香氣，再進一步製作成甜點。光是含在口中，那細緻的香氣便會滿溢而出。我會用帶有透明感的寒天，來描繪仍留有白雪殘留氣息的冷冽空氣，並加入少量用糖蜜煮過的柚子皮來提味。蠟梅花香與柚子果香層層相疊，創造出一股獨特滋味。

Photo & text: aromateabase

小寒

一月十七日

全世界最美的清晨散步路線

每次來到京都我都會造訪這條散步道，而我每次走在這條路上，心想都想著：「這裡絕對是世界第一美的清晨散步路線。」

透早起床，在空氣清新的早晨邁開步伐，石塀小路是這條路線的起點。走過寫著「保持安靜」的雅緻書法木板，一邊欣賞古老紅磚和料亭的格子門，一邊繼續前進。經過二年坂、三年坂，抵達清水寺，從西門可以俯瞰京都的晨光景致。彷彿穿越了時空，遙想前人或許也曾如此欣賞風景。接著在眺望八坂塔的美好景觀後，穿越高台寺，最後抵達八坂神社。但要真正享受這個散步路線，建議最好從早上七點前開始。過了八點，人潮會逐漸多起來，到了大約九點，這裡就會變成全京都最多觀光客的熱鬧地點，完全是另一種氣氛。

Photo & text: Mikiko Toshima

WINTER

349

365

小寒

一月十八日

下雪的早晨，前往銀閣寺

或許有不少人在新聞看過雪化妝（按：被雪覆蓋之意）的金閣寺，但遇上這樣的早晨時，若正巧有朋友來訪，我會邀請他們去參觀雪中的銀閣寺。由於銀閣寺所在地勢較高，即使時間上晚了一點（但仍是中午前）雪景依然存在。你可以漫步在庭院之中，從不同角度欣賞書院造樣式的觀音殿。

木質建築、白色拉門與白雪的組合，形成墨水畫般的色彩。不可思議的是即使在雪中，銀沙灘上由白砂構成的波紋仍清晰可見，連形似富士山的向月台也看起來像是由白雪堆成。我特別喜歡從寶處閣的花頭窗觀賞這片銀沙灘，以及窗框下的庭園風景。再往上走到展望所，可以從遠處俯瞰京都市容，這是雪中清晨來到銀閣寺的最佳獎勵。

Photo & text: Mitsuko Morishita

WINTER
350
365

小寒

一月十九日

久違的住宅區雪景

二〇二二年一月的京都，近年來第一次看到這麼多雪。就連除夕和元旦也久違地下了場雪。由於京都很少下這麼大的雪，寒氣也特別逼人。

這個冬天下了好幾場大雪，而我居住的上京區住宅區，也因為降雪帶來一片靜悄悄地風景。空氣格外澄澈，令人清新舒暢。於是我走出戶外，莫名覺得景色真美，便隨手用手機拍了下來。

駐進「草與書」所在的建物以來，迎來了第二個冬天。屋內小庭院的植物上堆積了數公分厚的白雪。庭園裡的萬兩樹，由於積雪重量幾乎快要倒下，但我硬是用旁邊的樹枝架住它，沒想到幾天後居然恢復了原本挺立的模樣。多希望這種能享受雪景的冬季持續下去……。

Photo & text: Nao Daimon

大寒

一月二十日

美麗的毛線和手工藝店

從京都車站往北步行約十五分鐘，有一家販售世界各地毛線和手工藝用品的店家「WALNUT Kyoto」。附近還有老字號線行「糸六」和「田中直染料店」等各式吸引人的手工藝及染料用品店，都位在歷史悠久的松原通附近。店內陳列著連編織高手也會為之著迷，來自世界各地精美的編織圖案、高質感的毛線和精緻的編織工具，光是看就著令人心情愉悅。我在這裡學到了一種叫做「戳繡」的技法，深深被這樣的樂趣吸引！使用觸感柔軟的毛線，可以輕鬆製作出胸針、杯墊、椅墊等生活小物。戳繡有別於與縱橫交錯的紡織技法，是一種將線直接戳進布料中的簡單作業，跟朋友們輕鬆地喝著茶一起進行，似乎能讓人不知不覺沉醉其中！

Photo & text: Natsuko Ishikawa

大寒

一月二十一日

險象環生的山路，鯖街道

福井縣小濱，有一條通往京都的「鯖街道」，是運輸海產到京都的主要道路。如今，這條道路從朽木經過花折峠，越過幾座山頭連接至大原和京都市區，而另一條路則是途經南丹市的「周山街道」，連接到右京區京北一帶及京都市中心，其他還有許多路徑。從小濱到京都，在地圖上最直接的路線似乎是走針畑、久多、八丁平、花背和尾根道這條路線，雖然被認為是最快的捷徑，但由於途經不少險峻山路，冬季又是大雪地區，所以現在很少有人通行。花背地區也有多處山路，如佐佐里峠通往南丹市，能見峠通往久多，芹生峠連到貴船，還有花背峠通往鞍馬等等。雖然花背峠的坡度和路況使山路險象環生，但在所有的路經中，它還是相對好走的一條。

Photo: Kenji Sadakane / Text: Yuki Egusa

WINTER

353

365

大寒

一月二十二日

京豆腐和炸豆皮

提到京都美食，你可能會先想到漬物、茶、京料理和和菓子等等。但其中最有名的當屬「豆腐」。右京區天神川河畔，從五條向北走，有一家老店「京都當地豆腐久在屋」（京の地豆腐 久在屋），門口掛著一片大大的炸豆皮當作招牌，讓人一見難忘。他們選用日本各地的頂級黃豆，浸泡在愛宕山的伏流水中。不同的黃豆和鹽滷使豆腐展現出各式口感及風味。「久在屋」的豆腐，也曾在日本全國豆腐品評會上多次獲獎，證實其美味程度。他們的「青竹寄豆腐」，建議品嚐時先不要加任何調味料，感受黃豆原始的美味。除了豆腐，我還要特別推薦他們家的炸豆皮。稍微烤一下，搭配薑汁醬油吃，口感酥脆又多汁，簡直就是黃豆製成的牛排！只有品嚐過的人，才能體會的絕佳滋味。

Photo: Keigo Ishibashi / Text: Tomoko Tsuda

大寒

一月二十三日

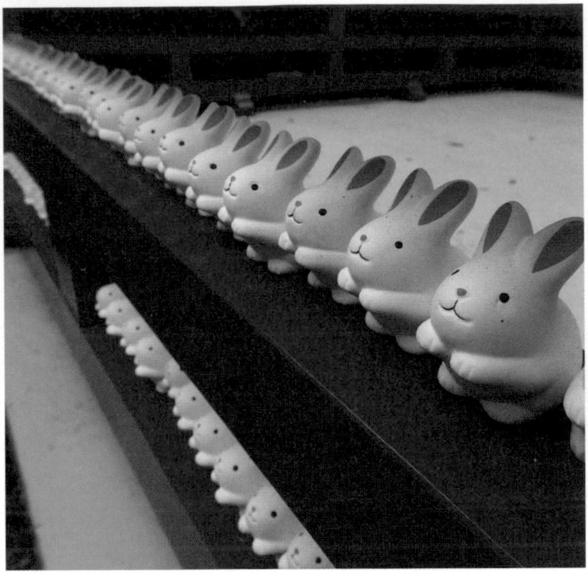

滿滿的兔子吉祥物

京都所到之處都可以看見以兔子為主題的作品。大概是因為這片土地上有許多與兔子有關並刊載在《古事記》中的神話故事。

由於兔子跳躍力強又很多胎，所以被視為商業和子孫繁榮的吉祥動物而深受人們喜愛。

宇治原名「莬道」（莬是兎的異體字），也是跟兔子有著深厚因緣的地方。無論是兔子雕像、兔子籤詩、兔子麵包或是兔子和菓子，你可以在各種不同的地方遇到它們。假如你喜歡，不妨試著收集看看吧！

我自己就收集了陶瓷製成的兔子籤詩，有回頭兔、黑兔等各種不同的類型，可以選擇自己喜歡的款式購買。

Photo & text: aromateabase

大寒

一月二十四日

宮津的德利魷魚配熱燒酎

京都市內出發，開車約兩個小時便能抵達京丹後宮津，這裡的特產「德利魷魚」是將魷魚乾燥製成酒壺和酒杯，也是丹後地區特有的海味佳餚。小時候來到這裡，我就對德利魷魚吊掛在紀念品店的模樣印象深刻。

當地唯一販售的「鞍岡商店」，至今仍堅持在冬季手工製作。自然的造型和氛圍是這款商品的一大魅力。由於丹後地區冬天經常下大雪，倒入熱燒酎，靜待大約十分鐘，就能在燒酎中一品魷魚香氣，成為寒冬中獨有的樂趣。

喝完後，稍微烤一下泡軟的魷魚，就可以像吃魷魚絲那樣繼續享用，真是既環保又物盡其用的極品，再加上這樣的外型！當作伴手禮送人也很受歡迎。

Photo & text: Naho Masumoto

WINTER

356

365

大寒

一月二十五日

學習生命存在價值的課程

一位年輕時期跟隨全盲茶會席料理師傅學習的人，現在透過料理教室傳遞「生命存在的價值」。位於大德寺南側的「料理教室森田」起初是小班制的料理教室，但隨著粉絲數轉眼間急速增加，變得熱門到很難預約。教室僅使用最低限度的調味料和工具，主要必須靠自己的指尖來傾聽食材的聲音。像切菜這個行為並非講求速度，而需要集中在均一、方向性和完成形態，並與自己的意識同步進行。從料理這個行為中，我們可以學到宇宙和自然的法則，不帶成見，每一刻都隨著事物來變化，感受心中湧出的感性，擴展生命潛力。近年，料理教室已全面轉為線上課程，不僅是日本，全世界都有熱切期望參加的聲音，是一個非常有趣的講座。

Photo & text: Natsuko Ishikawa

WINTER
357
365

大寒

一月二十六日

季節性的日常家務事

自從搬到花背，我對住家周遭在不同季節需要處理的雜事，或該說是為了維持日常生活必須處理的龐大作業量深感驚訝，這些都是過去與我無緣的家務事。

當春天來臨天氣稍微暖和，戶外的草木會迅速生長。若不妥善管理，不但行走會有困難，還會成為蟲子們的樂園，所以從春天到秋天，都要每天不斷除草。有些地方可以用機器，有些地方必須小心翼翼地拿鐮刀或剪刀修剪，但每天還是怎麼除都除不完。到了秋天，樹葉以令人驚訝的速度掉落，為了避免妨礙通行，也需要每天清掃。至於冬天，雖然從家中望出去的雪景很美，但是周邊的除雪工作實在非常辛苦，即使穿短袖也會出汗。四季的家務事，讓人每天都深切體會到大自然的力量。

Photo: Kenji Sadakane / Text: Yuki Egusa

WINTER

358

365

大寒

一月二十七日

傳承稻草工藝

從前到了冬季農閒期，家家戸戸都會編制每天穿出門的草鞋，這也成了孩子們的日常工作。如今在花背，有一家店「花背WARA」，店主藤井桃子從親自種稻開始做起，專門用稻草製作各種飾品，並致力將稻草工藝傳授給當地居民。

在每個月一次的課程中，居民們都會聚在一起，由桃子女士指導如何製作稻草工藝。從基本的稻草繩、沒有後腳跟的草鞋、鍋墊、籃子到各式稻草工藝品等等，甚至還可以自由創作各種形狀的結繩。編制草鞋看似簡單，但要作出合適的形狀，卻是相當大的挑戰，即便我已經做過許多次了，卻依然無法達到像桃子女士的水準。每次學習這些精心設計的工藝時，都會忍不住讚嘆，有機會學到這門工藝，真是移居到花背後最讓我慶幸的事情之一。

Photo: Kenji Sadakane / Text: Yuki Egusa

大寒

一月二十八日

令身心愉悅的南印度料理

中京區名店印度食堂TADKA（インド食堂タルカ），是我第一次接觸南印度料理的地方。主食為長米，邊吃邊混入各類香料來享受味覺變化，是一種纖細多彩的料理。二〇二〇年，MOMO女士在嵐山山腳下開設了一家名為「桃草舍」的工作室，傳授人們阿育吠陀療法和南印度料理。漫步於工作室的庭園，各式香草和香蕉樹隨風搖曳，令人忘卻塵世煩憂。她認為飲食也是一種自我照顧，因此教人如何根據季節和個人體質來選用香草和香辛料，並結合日本特有的艾草和梅乾來入菜，這些簡單又讓人陶醉的美食，吸引了許多人的目光。比起「吃什麼」，更重要的是「怎麼吃」，這令我感到當頭棒喝，每次見證學員的蛻變，心中也滿溢著感動。源自印度的五千年智慧，令我著迷到無法自拔。

Photo & text: Natsuko Ishikawa

大寒

一月二十九日

透過玻璃窗欣賞庭園

冷到寒氣刺骨的京都冬日。這種日子，就該窩在能隔著窗戶欣賞庭園的舒適地點，而「京都市京瓷美術館」就是可以透過大片玻璃窗，欣賞第七代小川治兵衛參與庭園設計的地方。

第七代小川治兵衛這位園藝師及造景師，從明治到大正時期打造了無數知名庭園，被譽為日本近代庭園的先驅。明治時代由於琵琶湖疏水設施完工，使得水資源更加充足。於是他在南禪寺附近的別墅區，借景東山並導入琵琶湖湖水，來為無鄰菴和平安神宮神苑等地設計了不少日本庭園。京都市京瓷美術館，就是他以獨特技法，運用自如地將水流引入開放性空間，所打造出來的疏水庭園代表作之一。觀賞完美術館後，去欣賞庭園又是另一種樂趣。

Photo: Shinya Takahashi / Text: Mikiko Toshima

WINTER

361

365

大寒

一月三十日

不是鐵道迷也能很滿足

我帶著四個男孩前到京都車站附近，位在梅小路公園裡的「京都鐵路博物館」遊玩。原本對鐵路毫無興趣，但到了才發現這裡比想像中有趣。你可以坐上駕駛座，體驗當駕駛員的感覺，也可以到油壓和離心力的實驗區玩耍，還能在完美重現昭和時代的街景區，新奇地操作起轉盤式紅色電話。看著許多列車在大型模型場景中奔馳，滿足地目送最後一班列車離開。最後，孩子們乘坐真實的蒸汽列車在園內的路線疾馳。快樂時光一晃而過，扇形車庫在夕陽下的景觀，讓我這個做媽媽的感動不已。

結論是，這裡是個令人滿足的好地方。男孩們有多開心就不用說了。但大家最興奮的一刻，還是在我豪氣買下新幹線便當，一起享用午餐的時候。

Photo & text: Miwa Homma

WINTER

362

365

大寒

一月三十一日

京都的寵物點滴

隨著遠距工作和居家時間增加，或許有很多人重新體認到，與那些不會說人話的可愛生物共度的時光有多美好。

然而，儘管目前送至日本國內各處收容所的狗和貓數量，已經減少到十年前的十分之一，但數字仍然超過了二萬隻。令人震驚的是，假設一對公貓與母貓沒有接受絕育手術，一年後牠們的後代將超過二十隻，二年後會超過八十隻，三年後更是多達超過二千隻。

隨著兩間充分利用收養制度的無添加寵物食品「MANMA BUONO」和不販售寵物的寵物店「BATON」在京都開業。讓我相信利用認養制度，或者人與動物生命同價共生的社會觀念，更能被接受與改變的時代到來了。

Photo & text: Natsuko Ishikawa

WINTER

363

365

大寒

二月一日

給寶寶的枇杷染

據說京都的染織家自古就堅持使用「從草木中獲取色彩」，並以枇杷染技法來為要織成和服的絲線進行染色。

提到枇杷，不僅可以拿來吃，我從幾年前就開始製作枇杷葉萃取液，因而較熟悉它的特性。枇杷葉被認為具有極高的藥效，傳說中甚至能治百病，萃取液也成為兒童因為過敏、疹子或蚊蟲叮咬的必備藥物。由於想為寶寶製作衣服，並希望能帶有橘子般的柔和粉紅色，所以我選擇了枇杷染色法，在大寒期間邀請主辦草木染工作坊的「顏色與節奏」（色とリズム）來綾部開課，使用自家的枇杷葉染色。我選用在秋天採收，並充分乾燥保存的葉子，切細之後用小火煮滾，邊想像著寶寶穿上枇杷色衣服時的喜悅，邊進行手工製作。

Photo & text: Eriko Ueda

WINTER

364

365

大寒

二月二日

節分的達磨

我們能在禪寺看到有著炯炯眼神的達磨大師畫像。據說達磨大師因為在洞窟中持續面壁打坐，而導致手腳退化成為現在圓形的達磨形象。從中京區的圓町站往北走約五分鐘，就能看到「達磨寺」（だるま寺）的指引標誌。法輪寺俗稱達磨寺，無論是庭院、牆壁或者本堂，到處都是達磨、達磨、達磨！據說現場約有八千尊，這些全都是信眾為了祈求心願成真而供奉的。寺廟內通常很安靜，但從二月二日到四日的節分祭期間，卻是熱鬧非凡。為了祈求祛病消災，參拜者會在大達磨上貼祈願御札，導致大達磨的臉迅速被信眾的御札覆蓋。

要不要試著從象徵「七倒八起」的達磨那裡，祈求一些福氣呢？

Photo & text: Tomoko Tsuda

大寒

二月三日

新春從節分開始

立春前一天的節分，象徵著從冬天過渡到春天，換句話說舊曆的除夕。人們認為季節交替時會產生邪氣，所以宮廷會舉行追儺式，也是日本人熟知的撒豆驅鬼儀式的起源。京都各地都會舉行節分祭，其中也會出現鬼，現場上演撒豆驅鬼的儀式，並獻上狂言劇，讓參拜者一同享受這些豐富活動，每年都很令人期待。在古老傳統中，有所謂的「四方參拜」。指的是參拜京都御所四個守護鬼門的寺廟和神社：北東的吉田神社、南東的八坂神社、南西的壬生寺，以及北西的北野天滿宮。傳說鬼會先出現在吉田神社，然後在追儺式中被驅逐，接著一路逃到八坂神社和壬生寺，最後被困在北野天滿宮的福部社中。人們會參拜這四個方位，驅邪納福，迎接嶄新一年的開始。

Photo & text: Aki Miyashita

本書的作者群

01

aromateabase
アロマティベイス

擁有約二十年的芳療師資歷，2000年代初期在京都居住過。近年來，以食用花和香氣專家之姿，開發了許多利用香氣的料理和甜點，以及參與了多項產品製作。目前每個月都在東京的表參道、都立大學和銀座，開設針對一般大眾的課程。

Instagram: @aromateabase

02

石川奈都子
Natsuko Ishikawa

攝影師。主要拍攝建築、工藝、料理、人像等題材。在京都居住了三十年，現於西陣的傳統長屋及大原山村兩地生活。她主辦自然療法的講座，以及「環市」活動。預計將公開「健康生活與靈感之門」的網路媒體「HIRAKU-cosmic breathing-」。

Instagram: @ishikawanatsuko_photo https://ishikawanatsuko.jp

03

清水すま子
Sumako Shimizu

美容作家。從國中到大學期間居住京都。有很多學生時代結識的朋友，無論在工作或私領域，都與京都有著深厚的緣分。在學期間，對京都獨樹一格的音樂界產生興趣，很熟悉京都展演空間的現況。

04 岩越千帆 Chiho Iwakoshi

編輯作家。主要編寫有關生活風格、料理等主題的書籍、雜誌和型錄，並進行編輯、採訪及撰稿。熱愛各種材質的器皿及用具，也擔任物品攝影的指導。興趣包括貓、旅行及網購美食。京都對她來說是個有深厚淵源的地方。

05 植田えり子 Eriko Ueda

在京都某間雜貨店擔任店長。她曾往來法國和韓國購買各式古董，並開過自己的雜貨店。目前與家人一同在綾部市經營名為「pipiki 養生園」的民宿，以及專門販售草木染等衣物和生活用品的「安居」。Instagram: @hikari_no_ie_ankyo www.pipiki.net

06 江種友紀 Yuki Egusa

2002年起以「Honey Ant」為名開始活動。在山中部落花背地區，致力追求讓日常更接近土壤的環境，度過依循自然法則的日常生活。主辦「一起做、一起吃集會」與「日日家務事」。

Instagram: @honeyant.kyoto

07 大柴タクマ Takuma Oshiba

芭蕾舞講師、編舞家。出生於京都市。曾活躍於海外，與法國國立巴黎歌劇院芭蕾舞團、法國國立波爾多歌劇院芭蕾舞團簽約。歸國後與畫家、音樂家等多領域的藝術家合作，並參與劇場、音樂劇、企業網站內容和電視廣告演出。

08 定兼健二 Kenji Sadakane

數年前移居至京都市山間地區的花背，經營有機商品店「Honey Ant」。主要負責農田、鋤草、鏟雪等外務，逐步適應鄉村和山中的生活。平常會拍攝發表在各社群媒體上的照片，透過攝影來傳達花背的魅力。

https://honeyant.jp

音樂家、口譯者、平面設計師。現居巴黎。喜歡在旅行中邂逅各地的美食，走遍日本所有的都道府縣。京都是從小就常造訪的地方。興趣是收集歐洲古董，夢想著開設一家以歐洲古董為主題的概念店。

Instagram: @formes_du_temps

石橋輝樹
Teruki Ishibashi
09

插畫家，現居京都。負責主持位於京都西陣傳統民宅中的「草與書」（工作室、活動空間和民宿）。舉辦許多活動，如蔬食午餐會、手工精釀啤酒研討會、料理教室等。

Instagram: @kusatohon

ダイモンナオ
Nao Daimon
10

陶藝家。京都府和東町的公關大使。在京都土生土長。作品的概念是「讓使用者的動作看起來優雅美觀的器皿」，以東京南青山的藝廊「白白庵」為據點，於全國的百貨公司等多處公開販售。

www.tsudatomoko.jp https://www.facebook.com/tomoko.tsuda.31

津田友子(未央窯)
TSUDA Tomoko
(Biou Gama)
11

編輯，東京都出身。由於伴侶是非常重視傳統的京都人，每次跟著對方回老家時，都對京都深厚的傳統、歷史和文化感到好奇，曾一度居住於京都和東京兩地，充分享受著半京都生活。

外島美紀子
Mikiko Toshima
12

編輯。原計畫移居至西班牙，但因新冠疫情而延期，最後選擇了京都。目前在長野縣和京都兩地間生活，邊養育兩個兒子。媽媽網路雜誌《hahaha!》的總編輯，並在京都擔任寫作課程的講師。

本間美和
Miwa Homma
13

14 本間勇輝 Yuki Homma

曾創辦「食之通訊」與「口袋市集」，目前主理「美食俱樂部Network」。除了京都，也在日本各地經營源自西班牙巴斯克地區的社群廚房。著有《社會性旅行》（ソーシャルトラベル）。
https://bishokuclub.kyoto/

15 増本奈穂 Naho Masumoto

「保存食lab」的主持人。以京都出町柳的工作室為據點，使用京都府北部、京丹後的自家菜園精心栽培的當季蔬菜和果實，製作並販售罐頭類保存食品。致力於探索如何將傳統的保存技術，應用於現代的餐桌之上。
https://hozonshokulab.xyz

16 宮下亞紀 Aki Miyashita

住在京都的編輯和作家。在出版社擔任女性雜誌及資訊雜誌的編輯後，選擇成從小成長的京都為活動據點。合著《初見京都》（はじめまして京都，PIE BOOKS出版），編輯高山直美的《書與身體》（本と体）、猪田彰郎的《猪田彰郎的咖啡為什麼這麼好喝？》（以上為anonima studio出版）。Instagram : @miyanlife

17 森下美津子 Mitsuko Morishita

料理家。在京都市中心開辦料理教室「週日的美味」，並從工房批發販售當季果醬和點心等商品。著有《把季節帶回家 發現時令小菜》（季節を家につれてくる 旬をみつける小さなごちそう，京都新聞出版中心出版）。
http://dimanche.cocotte.jp

18 山内ミキ Miki Yamanouchi

攝影師兼攝影記者。來自兵庫縣寶塚市，由於老家所在的阪急電鐵很方便，所以經常到京都進行小旅行。目前在倫敦從事養雞和養蜂業，實踐在城市中的鄉村生活。
Instagram : @mikiynot www.mikiy.com

好生活 027

京都 時令生活 365 日

京都 季節を楽しむ暮らしごと 365 日

編著：smile editors
譯者：林佑純

責任編輯：高佩琳　　總 編 輯：林麗文
封面•版型：謝捲子　　主　　編：林宥彤、高佩琳、賴秉薇、蕭歆儀
排　　版：鏍絲釘　　行銷企劃：祝子慧、林彥玲

出　　版：幸福文化出版 / 遠足文化事業股份有限公司
地　　址：231 新北市新店區民權路 108-3 號 8 樓
粉 絲 團：https://www.facebook.com/happinessbookrep/

發行：遠足文化事業股份有限公司
（讀書共和國出版集團）
地址：231 新北市新店區民權路 108-2 號 9 樓
電話：（02）2218-1417
傳真：（02）2218-1142
電郵：service@bookrep.com.tw
郵撥帳號：19504465
客服電話：0800-221-029
網址：www.bookrep.com.tw

法律顧問：華洋法律事務所 蘇文生律師
印　　製：呈靖彩藝有限公司

出版日期：2024年4月 初版一刷
定　　價：680元

ISBN：978-626-7311-80-6
ISBN：978-626-7311-96-7（PDF）
ISBN：978-626-7311-97-4（EPUB）

BOOK REPUBLIC
讀書共和國出版集團